教育小咄《こばなし》

～笑って、許して～

三浦清一郎 著

日本地域社会研究所

表紙カバーデザイン・工藤直子

まえがき――「協育」と「共育」と「狂育」

(1)「協育」は出来ていない

「協育」とは、教育機能のネットワーク化です。色々な人や機関が協力し合って、教育に当たるという意味です。

「無境界化」の時代だと言われながら、教育界は「縄張り」や「縦割り分業」にこだわって、後生大事に「境界」を守っています。だから、ほとんど異なった機関間の協力は出来ていません！高齢者教育はバラバラで、健康寿命の伸長にも、ボケ防止にも、確たる成果は生まれていません。安楽な余生を追求する生涯学習では、高齢者を社会参加や社会貢献に導くことは無理でしょう！また、生涯教育を忘れて身体ばかりに気を取られ、体操だけを奨励すれば、頑丈なボケ老人が町に溢れるでしょう！

家族形成期にある女性の7割が仕事についています。当然、家庭の教育機能は手薄です。それなのに、放課後の教育機能は空白です。学童保育は狭い空間に子どもを閉じ込めて「お守り」しかしていません。学校も、社会教育も、放課後の学童保育の子どもたちには全く関心がなく、ほとんど何一つ協力していません！もちろん、学童保育の方も、指導員が自分の身分を守ることに一生懸命で、できればそっとしておいてもらいたいと望んでいます。子どもの「成長・発達」については、後回しです。学童保育は、法律上、「放課後児童健全育成事業（*）」と書かれているのに、なぜ「健全育成プログラム」を導入しないのでしょう？

「協育」不在で、子どもは浮かばれず、高齢者はよぼよぼで、共働き家庭の心配の種も尽きません。

(2)「共育は男がさぼる」

「**共育**」は文字通り共に育つことです。しかし、男と女は共に育っていませんね！男女共同参画の達成率は世界で100位以下です。「変わってしまった女」と「変わりたくない男」の衝突が続き、少子化は一向に止まりません。人口減を心配した自治体の緊急会合がＴＶで放映されましたが、参加者は男ばかりでした。子どもを産めない奴が集まって一体何を議論しているのでしょうね！

「幼老共生」もほとんど全く進みませんね。高齢者が次世代の育成に人生の体験と知恵を貸してくれれば、「幼老」共に元気になる筈なのですがね!!「定年」は「隠居」の発想は変わらず、年寄りはゲートボールや趣味・お稽古事三昧で、この世の「無用人」(藤沢周平)と言われるのも誠にもっともです。財政危機だから、政治もいよいよ高齢者福祉に厳しくなるだろうけれど遅きに失しているでしょう!!

(3)「狂育」が猛威を振るっている

「狂育」は教育機能が破綻していることです。モンスター・ペアレンツを生んだのは、学校が「守役」を降りて、世間の尊敬と信用を失ったからです。多くの教員が入院したり、登校拒否に陥っているのは「狂育」の証拠です。

学校は欧米の児童中心主義教育思想を導入し、子どもの欲求に振り回されて、「鍛錬」を放棄しています。その結果、子どもはへなへなでかつ自己中です。教育行政も、かけ声ばかりで、非行やいじめが止まらないのも「狂育」の結果です。

教育も受けず、仕事にも就かないニートのような未来の「教育公害」を放置している過保護な家族も「狂育」の担い手です。自己責任論は、自己都合優先の無縁社会を生み、同時に、格差社会を生みました。無縁社会でも格差社会でも、とばっちりやひずみは最も弱い子どもや高齢者に来ます。義務教育学校にすら行けなかった子どもや孤独死する高齢者の存在は厳然たる事実です。彼らを自己責任論で切り捨てることは出来ないでしょう!!

本書は、少子・高齢・男女共同参画社会の生涯教育論を意図しました。文中、推敲して「毒」は薄めたつもりですが、万一お気に障るところがありましたら、前もってお詫びします。平に平にお許しください。本編は3部に分けました 第1部は高齢者の自立と健康寿命のための教育論、第2部は「少子化」の原因究明と「変わりたくない男」に対する教育批判、第3部は、ひ弱な自己中を育て続ける平成の教育批判です。

最近の日本社会は、高齢者論も、男女共同参画論も、子育て論も、固い話は誰も聞いてくれません。活字離れですから当然本も読んでくれません。

それゆえ、筆者の教育論にも、「笑い」を含んだ新しいアプローチが必要だと考えました。成功したか、否かは読者の皆さんのご判断にお任せしなければなりません。とりあえず筆者の実験第1号です。筆者も少しずつ小咄を講演に入れる工夫を始めました。

聴衆のお顔がこちらを向いて下さるので驚いています。教育小咄をご所望の節はどうぞご一報ください。

（＊）児童福祉法第６条は「放課後児童健全育成事業」と謳っています。

目次

2　思い知ったか女の怒り、少子化止まらず財政破綻

1　咲いた花なら散るのは覚悟、見事散ろうよ、高齢者

1―1　吠えろじいちゃん！

尊厳死宣言や自然葬が終活の話題に上がるようになりました。「安楽死」の話もそのうち話題になることでしょう。高齢者が健康寿命を伸ばせなければ、皆保健国家の財政はもちません。若い世代の負担もますます過酷になるでしょう。医療費や介護費を使わず、社会に参画している年寄りには「褒美」を出して下さい。高齢者の活力が高齢社会の活力を決定するのです。人間は「欲」の生き物です。褒美があれば、もっとがんばります!!

医者：これから麻酔に入ります。全身麻酔ですから痛みは感じません。がんばって！
じいちゃん：先生よ！何をがんばれってんだ？おい！どうしろってんだ!!

宝くじ売り場：ここから2等1千万円、３等５００万円が出ました。毎年の当たりくじが出る売り場

です!!後1週間で締め切りです!!
じいちゃん：何等でもいい！生きてるうちに当たりくじをくれ!!

民生委員：おじいちゃん、元気の印「黄色い旗」出してね！
じいちゃん：出すよ！
民生委員：孤独死はご近所のなおれですからね!!
じいちゃん：分かってますよ。（死ぬときゃみんな一人だろうに!!）

孫：おじいちゃん！さっきから何ピカピカやってんの？
じいちゃん：さっきパトカーいたの気がついたか？
孫：うん!!ブレーキかけたもん!!
じいちゃん：「ねずみ取りだぞ！」って仲間に教えてやってんだ。
孫：でも、今はピカピカしなかったでしょう！
じいちゃん：高級車は仲間じゃねぇ!!

1―2　咲いた花なら散るのは覚悟、きれいに散ろう！高齢者

人間が「老いる」とは、意識するとしないとに関わらず、「加齢に伴う心身の衰えと戦い続ける過程」をいいます。「戦い方」で晩年の在り方が決まります。戦いが避けられないとすれば、問われているのは、意義ある戦いをできるか、否かになります。

教育の分野で仕事をして来た筆者は、医学や介護の分野の方々と「人間のあり方」について、一点で根本的に異なっています。教育は常に「あるべき命」を問題にします。それゆえ、筆者は、生きる「目的」や「目標」から離れることはできません。医学や介護の皆さんは、人生の目的や目標に関わらず、人命の尊厳に立脚し「あるがままの命」を受け入れようとする原理に立っています。

筆者は、もちろん、人間の生き方を問い、高齢期の「あるべき命」を課題としています。それゆえ、「人間でありながら十分に人間の機能を保持していないヒト」（以下「ヒト」という）と「人間」を区別して考えました。子どもは、基本的に「ヒト（霊長類ヒト科の動物）」として出発し、社会化と教育によって「人間」となり、時に、不幸にして、

極度の老衰の果て、人間としての成果と精神を失うことによってふたたび「ヒト」に返らざるを得ないのです。

筆者は「ヒト」を「人間」に育て、ひとたび「人間」となった「人間」を「ヒト」に戻さないことを教育の最重要課題と考えています。カギは「健康寿命」です。「生涯教育」や「生涯現役」論は、そのための方法や努力のあり方を意味しています。高齢社会では、医療や介護の在り方だけが問われているのではありません。人々の「老い方」が問われているのです。

生涯教育は変化が加速した時代の産物です。過去に習い覚えた知識や技術だけでは、技術革新が加速する時代について行けなくなったからです。過去の知識が使い物にならなくなることを「陳腐化」現象と呼びます。生活の全分野が、生涯にわたって間断なき変化を遂げる時代は、生涯にわたって教育と学習を怠ってはならない時代です。一時代前にはなかった言葉や技術が生活を律しています。時代を生き抜くには高齢者にこそ学力が不可欠です。生涯教育はなかんずく高齢者教育として再構築しなければなりません。教育の必要を自覚することこそ高齢者が現代を生き抜く不可欠な条件だからです。

知らなきゃ、世間は渡れねえ!じいちゃんラップを踊ろじゃないか!

デジカメに餌は要らねえ、亀じゃねえ、インターネットは網じゃねえ、アドレス聞かれて番地をいうな!遺伝子組み換え知ってるかい?ちっちゃな虎はリストラで、新種の豚はユニクロだ、あれに見えるは、キントレで、むきむき兄ちゃんの集金だ、今日は残念、ノートレで、トレーニングはお休みだ!

知らなきゃあの世で恥をかく、ばあちゃんラップだ、行ってみよう!!

ちっとは英語をやってるかい?時代は変わる、目は回る。小学校から英語だぜ、やらなきゃ時代についてけねえ!生涯時間は30年、生涯学習ぼけ防止!!新種のビールはクールビズ、メタボは流行りの油だぜ、自家発電に使うんだ。最低男はDVで、AKBはアカンベー、マナーモードは「だまれ!」の意味で、農家潰しはTPP、SM野郎は変態で、SP特別護衛官、AM午前で、PM午後で、2.5がつきゃ公害だ。モンスターママは自己中で、クレームは彼女のデザートだ。

じいちゃんよ!!地域デビューが怖いかい？

定年ごろごろさあ大変、家にいるのは退屈で、地域デビューは恐ろしい、どじょうが出て来てこんにちは！やっぱり仕事が恋しいとハローワークで同窓会！亭主は英語でストレスだ。ブレるは政治家、キレるは子ども、女房殿はハザードマップ。この世にあるんだメイド・カフェ、行ってみようか、多美子さん。ドナーカードは美人に限る、メモを取るのは立派です！だけどそのメモどこにある？惚れると惚けるは似た者同士、分け分からずに舞い上がる。我らは人生のロスタイム。まだまだ勝負は分かんねえ。

ばあちゃんよ!!健康寿命は女の誇り！

巷じゃわしらＬＥＤ、ＭＬＢが大好きで、ＰＧＡも見るんだぜ、ＬＳＤはやらないが、ハーブティーなら毎日だ。シルバー人材現役で、パートをバイトと気障に言う。知らないことはアンケート。Ｂａ－ｃｈａｎをプロにするのがマニュアルで、ファインプレイはワンダフル、残念至極はミスプレイ、みんなが騒ぐオスプレイ。聞くは一時の恥じのこと、知らぬは来世の恥のこと。コストダウンは節約で、ビジーは多忙、ファジーは曖昧。文句じゃねえぞ、アドバイス。走る分けねえだろ、社内ＬＡＮ。

じいちゃんよ‼しゃんと生きたきゃ、格好つけろ！

知ってるだろうが念のため、Ｆａｃｅｂｏｏｋは本じゃねえ、口説き文句はマニフェスト。香りのいいのはラベンダー、男が嫌うジェンダー・フリー、ドットコムのは電車じゃねえ。ブログは新種のふぐのこと。メークは変装、ビフォーはすっぴん、アフターはリフォーム。化粧品はリフォーム詐欺で、育毛剤は気休めだ、無駄なあがきだ、プラセンタ、奇麗になりたきゃ、便秘を治せ。鰯の頭も信心だ！やめろと言うときゃ死ぬ気で言え、アンチエイジングは負け戦、読み書き忘れて体操すれば、元気なボケが溢れるぜ！

ばあちゃんよ‼家にいられりゃストレスで、出来れば出したい粗大ゴミ

オレの昼飯どうなっとるか?毎日聞かれりゃこっちが参る！「主人在宅ストレス症候群」。36計逃げるに如かず。ウオーキングに体操だ！読み書きノートレ、おしゃれに社交。できれば最後にボランティア！平均寿命に近づけばそろそろお迎え来るだろが、ちゃんとおしえろデイケアに、「お迎え」、「お迎え」と声でかい！

元気に行こう！高齢者!!

気になる日本語増えました。高齢社会だしかたねえ！「うすい」に「ふとい」に「まだいるの」。「もうそろそろだ」、「早く行け」。「アレアレ、それそれ」、「何だっけ」、「ここはどこなの」、「わたしだれ？」「じいさんさがせ」、「気にするな」、「GPSもついている」。「徘徊に今日はどこまで言ったやら」、「定年やひねもすのたりのたりかな」

1—3　年寄りは国を滅ぼす！

健康寿命と平均寿命の「落差」が大き過ぎます。

2020年は「高齢者爆発」です。なぜならこの年、昭和20年生まれが75歳：後期高齢者になります。その時、彼らの健康寿命は失われています。以後、戦後のベビーブーマーが続きます。日本社会は、健康寿命と平均寿命の「落差」が大き過ぎます。最新の簡易生命表によると、日本人の平均寿命は男性が79・64歳、女性が86・39歳です（生命保険文化センター調べ）。これに対して、厚生労働省の発表では、日本人の健康寿命は男性で70・42歳、女性で73・62歳です。

健康寿命の基準は3つあります。第1は自分のことは自分でできること、第2は行きたい所へ自分の力で行けること、第3は介護保険の世話になっていないことです。介護予防の処方は日々の暮らし方です。「安楽余生」論が大敵で、「ほどほどの負荷」が大事です。カギは「読み書き体操ボランティア」で毎日することが秘訣です。
現状が改善されなければ、死ぬまでに女性は約14年間、男性は約10年間、医療保険や介護保険の世話になるということです。日本の財政が持つ訳はないのです。現役世代の税負担もやがて限界が来ます。町内会で「敬老行事」を止めるところも出て来ました。世間にもたれて暮らしている高齢世代に「敬老」は不要だと考えるようになったのでしょう。「親孝行したくないのに親が生き」という川柳もあります。

じいちゃん：学校は今「道徳」ってやってるか?
義男：やってるよ。
じいちゃん：何やってんだ?
義男：僕たちは偉人伝よ。

じいちゃん：偉人ちゃ誰のこっちゃ？
義男：一番は福沢諭吉先生だって！
じいちゃん：まさか2番は樋口一葉じゃねぇだろうな？
義男：何で分かんの？3番は夏目漱石だって。
じいちゃん：だろうな!!おまえの先生はおれと考えが同じだ。

1―4「最高位」から「ただの人」へ

日本の定年者が引退前の肩書きから自由になれないのは、終身雇用制と年功序列制が大きく関係しています。一箇所に長くいて、しかも辞める直前が最高のくらいで、最高の給料というのでは、定年は、「最高位」から「底辺」への「転落」に等しいでしょう。落ちたところは「ただの人」です。男性主導のサラリーマン社会の現状を見れば、ひきこもりの7割が男性であるというのも頷けることです。

地域デビューをしろと言われても、職住分離のサラリーマン生活で、男は地域に足場をもっていないのです。高齢者の社会参加をお願いすべき行政は、「生涯学習」は住民主導だ、とあぐらをかいています。高齢者の活躍の舞台も、地域デビューの案内も全く不十分です。

木村：吉田君は来年定年だろう？
吉田：そうです。周りを見ると恐ろしい気がします。先日は、辞めた課長のところへお見舞いに行って来ました。あれじゃ奥さんが持ちませんね!!
木村：そんなに悪いのか？
吉田：急速に衰えて、認知症も入ったんでしょうね！いわゆる「まだらぼけ」ですね。動きが緩慢で目がうつろなんですよ。わたしのこともどこまで分かったのか？それに比べりゃ、係長さんはお元気ですよ。
木村：もう係長は止めてくれよ！辞めたらただのおじさんよ。課長の問題はただのおじさんになれなかったということだよ！
吉田：係長さんはえらいですよ。見るからにいきいきしてますよ。
木村：会社じゃ係長だったけど、地域じゃ会長だからな。会社の会長さんには会うこともできなかったのにね！少年野球の顧問だし、ゲートボールはキャプテンよ!!名刺に書いたら肩書き多いんだぞ!!
吉田：それが元気の秘訣なんだ！
木村：無縁社会とかでだれも地域の役はやりたがらないのよ。会長、顧問は選り取り実取よ!!
吉田：しかし、「ボク会長やります」、という訳にもいかんでしょ？
木村：立候補を募っている町内会も出たそうだが、ふつうは下働きからはじめるのはどこも同じよ。誰もやりたがらないのだから、役は直ぐ回って来るよ。結構いそがしいし、感謝されるのが会社とは違うんだ。会社じゃ平でも、街じゃ会長よ。
吉田：そう言う気持ちになれる秘訣は何ですか？
木村：人生二毛作よ！2回目の人生を生きようって考えるんだ！１００年時代なんて言う時代だからね。二毛作ってのは作る作物が違うんだそうだ！会社の延長で生きないっていうことだ!!課長は会社時代の名刺を捨てられなかったんだろうな!!
吉田：ただのおじさんになれないのはそのためなんですね!!
木村：無理はねえんだよ。日本は年功序列だろ。辞めるときは一番高いところに居るんだ。それが「ただのおじさん」までまっしぐらに落ちるんだから、適応できない人も出るってことさ！その点、オレのように偉くなかった奴は楽なのよ！
吉田：係長さん、地域で一番面白そうなのはなんですか？
木村：お前さんにできるかな？心と態度を入れ替えて、女のやることを全部やる。男女共同参画委員になったことだ!!
吉田：何ですかそれって？
木村：知らねえだろうな。男女平等の委員会だよ。女性の社会参画を後押しする会だよ。
吉田：昔から男女平等でしょ？
木村：表向き、タテマエだけだ！女性はそうは考えちゃ居ねえ！だから政治は「女性の輝く社会」とか言って機嫌を取ってんだ。選挙の票だからな!!
吉田：その委員になったんですか？
木村：そうだ！男はオレだけだ!!周りはみんないい女ばかりだ!!!
吉田：そんな!!奥さん知ってんですか？
木村：知ってるよ。偉いって、尊敬されてんだ。料理から洗濯まで何でも女と同じことをやりゃいいのさ!!簡単なことだよ。君はできるかな？

吉田：長年お茶汲みの平ですからね。やろうと思えば何でもできますよ。そんな楽しみがあれば、がんばります。

木村：その調子よ。だったら老後は安泰だ!!

1―5　孤立と孤独

老いの危機の多くは、「孤立」と「孤独」から発生します。高齢社会の問題は、血縁、地縁、職場の縁など従来の縁が先細りして行くことに起因して発生するのです。血縁の子どもたちの多くは遠く離れたところで暮らすようになりました。多くの親は子どもから離れたところで老いて行くのです。

勤め先の縁も10年も立てば薄れるでしょう。地域は「無縁社会」ですから、向こう3軒両隣は消滅しました。現代は、「自己都合優先」で、「個人情報保護」ですから、誰もあなたのことを気にかけません。町内会の多くは形骸化し、組織率も低下の一途を辿っています。

社交も交友も個人の選択の時代になりました。「自分らしく生きる」とはこの自由な「選択」が許されるようになったということです。もちろん、「選択」による自己都合優先が、他人を気にかけない「無縁社会」をもたらしました。それゆえ、無縁社会を突破するためには、自分を気にかけてくれる、気の合う人間関係を作り上げるしかありません。それ故、「活動の縁」が重要になるのです。何もしない老人に、近隣世間が何かしてくれる時代は終ったと心得るべきでしょう。町内会の交流はなくても、代わりの交流機会があれば問題はないと思います。しかし、活動しない高齢者に新しい交流の機会が訪れる筈はないのです。

倅：義男！ＬＥＤがノーベル賞もらったぞ！知っとるか？
孫：これＬＥＤよ。うちのおじいちゃんとどっちが長持ちするかなぁ？
倅：どっちかな？
オレ：ふん……！
孫：おじいちゃん！上腕三頭筋ってなに？

オレ：難しい名前知ってんだな！腕のここのところの筋肉だ。
孫：母さんのお腹の筋肉はなんていうの？
オレ：（菓子袋三頭筋か!!!）
孫：……。

医者：もう無理の効く年じゃないですよ！
オレ：（あんたもな！）

孫：「お迎え」はどこからくるの？
オレ：デイケアだ!!

オレ：このエレベーター壊れてんのか！
若者：じいちゃん！ボタン押した？

炊飯器：ピッピッピッピ
レンジ：チーン
オレ：ちょっと待ってろ！急がせるな！
じいちゃん：みんな出かけたのか？
たま：ミャ～オ
じいちゃん：お前も出かけるのか？
たま：ミャ～オ
じいちゃん：行くとこあんのか？
たま：あるミャオ～
じいちゃん：オレが留守番か？
ポチ：オレモン　ワン
じいちゃん：お前がいたか？繋がれてる戦友だな！
ポチ：く～ん、く～ん

1—6　親にない学歴つけてこのざまだ！
——高齢者は過去の存在だと決めつけないで下さい

高齢者は現役時代にがんばったのだから、引退後は「がんばらなくていい」という助言は、高齢者に「引っ込んでいなさい」というのと同じです。高齢者を「過去の人」にしてしまうのです。「もう現役ではないのだから」と言われた時から、高齢者は心理的に社会から必要とされることのない「世の無用人」（藤沢周平）に転落するのです。「現役」とは、「現に」、「今」、「役割」を持っているという意味です。それゆえ、「もう現役ではない」と言われれば、「もうあなたの役割はない」ということになるのです。「無用人」とは「役立たず」という意味であり、「用済み」という意味です。高齢社会の突破口は生涯現役を続けることで、活力の維持には「読み、書き、体操。ボランティア」です。

義男：父さん、それはオレがやるよ。
じいちゃん：大丈夫だ。一人でできる！

義男：怪我でもされると返って困るんだよ！
じいちゃん：嫁が言っとるのか？お前は何も分かっちゃおらん。お前だって粗大ゴミ扱いされてるっていうのに、オレが働かなくなったら何を言われるか分かったもんじゃねえ!!
義男：親孝行で言っとるんだよ。
じいちゃん：なにが親孝行だ!!年寄りを働かせているって世間に言われるのが嫌で、見栄張ってるだけだ。オレは自分を鍛えているんだ！うちで仕事をさせないと言うんなら、外でボランティアでも見つけるよ！近所を見てみろ、働くのを止めた奴はみんな惚け始めてる。惚けてもいいのかって言っとけ!!
義男：年寄りのひがみ根性だよ。
じいちゃん：孫に働くところを見せてんだ。あいつらに、「じいちゃんを手伝え」、ぐらい言ったらどうなんだ。「お勉強が先でしょ！」なんて笑わせんな。お前ら良く言うよ。自分らのＤＮＡを考えろ！
鳶は鷹を生めはしねえんだ！
義男：僕らの子育てに干渉しないで！
じいちゃん：だったらガキどもに口の利き方ぐれえまともにしつけとけ!!お前らこそオレの生活に干

渉するな。オレは現役だ！お前らは家賃も払わねえパラサイト家族だ。そのくせ、賞味期限の切れたやつは必ずオレに喰わせる。孫にだけ特別のおかずを付ける。やってることは逆だろう。それが親にない学歴つけた結果か!!大学出が聞いて呆れる!!

1—7 独り者同士

老後は孤立と孤独が大敵です。だから引きこもれば社交が途絶え、言葉を失います。「気を張る」機会も失われます。だから、あっという間に体力の「貯筋」が落ち、「物忘れ」が始まります。だから、生涯学習やボランティアが大事なのです。とにかく公民館やコミセンのプログラムに参加してみることです。

外へ出て行けば、「学縁」や「志縁」に会えます。そこから新しい「交流」が始まるのです。「あなたに会えて良かった」という人に会えれば、老いの最後を支えてくれます。仲間も、ヘルパーさんも相性がだいじです!!

じいちゃん：吉田はどうしてる？

矢野：元気無くしてます。「生きててもつまらねぇ」、って。
じいちゃん：また、不幸でもあったのか？
矢野：奥さんに先立たれましたからね！
じいちゃん：おれだってそうだ!!大丈夫だ!!!哀れっぽい格好つけてるだけだ。会ったのはいつの話だ？
矢野：半年前に会いました。
じいちゃん：だろう!!最近はカツラも新しくしたぞ！誰かに出会ったんだ!!「生きててもつまらねぇ」
が、聞いて呆れる!!
（後日）
じいちゃん：思ったより元気そうで何よりだ。ヘルパーさんはどうだ？
吉田：月火の人は嫁にしたいようです！
じいちゃん：二人頼んでんだろう！後半に来る奴はどうだ？
吉田：娘にしたいようです!!
じいちゃん：それで新しいカツラか!!最後に報われたなぁ！おめぇは苦労が多かったからなぁ!!!
（更に後日）

矢野：吉田は先輩のいうとおりでした!!あいつ、遺産はヘルパーに残しますね!!
じいちゃん：だろう！幸せなんだよ、今。
矢野：先輩はヘルパーは？
じいちゃん：一人だと寂しい、二人だと疲れる!!ヘルパーは未だいい。家事が忙しいが、自立の証だ。犬が居りゃ寂しくねぇ！一人は気楽だ!!たまに会う女がいりゃ、文句はねえ!!やっと結婚したがらねぇ女の気持ちがわかった!!!
矢野：隅におけませんね!!
じいちゃん：熱き血潮の消えぬ間に、だ!!!

1―8　今日も元気に通ってます――高齢者への間違った助言

多くの高齢者の生き方は、大いに間違っています。活動や社交の機会が全く足りません。高齢者に社交や社会参画が必要だという発想も足りません。余生はのんびり、安楽に暮らせばいいとみんなが思っているからです。人生が50年だった時代の発想を引きずっているのです。高齢者の活力を奪う重大な間違いです。

老後の活力を維持するには、活動がカギになります。心身の機能は使わないとたちまち衰えてしまうからです。医学では「廃用症候群」と呼びます。原理は簡単です。お元気だから活動するのではありません。活動を続けているからお元気を保つことができているのです。使い続けていれば、心身の機能は、衰えのスピードを抑えることができるのです。

加齢は心身の機能を衰えさせますが、少しだけ負荷をかけてがんばっていれば、衰えは「ゆるやかに」なります。自分の現在の力以上に負荷をかけることをスポーツ生理学では「オーバー・ローディング法」と言います。子どもたちに「がんばれ」というように、高齢者にも「がんばれ」と言わなければなりません。「無理せず」、「のんびり」、「マイペース」、「すきなこと」だけ「気の向くままに」は、高齢者の衰弱を加速するすべて危険な助言です。

嫁：もしもし木村でございます。あら、吉田さんのおばあちゃん。ご無沙汰しております。お元気でいらっしゃいますか？お見舞い？うちのおじいちゃん。ありがとうございます。昨日も元気に病院に行きました。はい、御待ち申し上げます。
じいちゃん：今の電話は吉田の多美子さんか？
嫁：御見舞いに来て下さるって！やるわね、おじいちゃんも。
じいちゃん：しばらく、病院に来なかったから、あれも病気だったんじゃろ！
嫁：皆さんは病院で何をしているんですか？
じいちゃん：何って、センセの見舞いとコミュニティの社交だよ。センセの方が病人に近いのじゃ。
みんないつまでもつかってシンペエしてるんだ！
嫁：あきれた！いくら税金をつぎ込んだって赤字になる訳よね。
じいちゃん：まあ、そう言うな。通って来てるからみんな元気なんじゃ。他におれたちの行くとこがあるか？政治家のアホどもが、年寄りでも役に立てる場所を作れば、立派に世の中の役に立ってみせる！
嫁：でも、定年って、隠居なんでしょう！
じいちゃん：それが間違ってるって言ってんだ。人生は90年、１００年の時代だぞ！
嫁：それもそうですね‼

じいちゃん：今んとこ、病院は「きょうよう」と「きょういく」だ！
嫁：なんですか。それって？
じいちゃん：「きょうよう」は「今日の用事」だ！「きょういく」は、「今日の行くところ」だ。
嫁：参りました！「教育」と「教養」に欠けていました!!
じいちゃん：うまく逃げたな!!あんたが更年期でいろいろ病院変えてんのと大した変わりはねえだろ！
嫁：あきれた!!何でそんなこと知ってんの？
じいちゃん：クスリの袋見りゃ誰だって分かるさ！さて、吉田の多美子さんにお茶菓子でも買ってくるか。
嫁：変な噂になっては困りますよ。
じいちゃん：ばかいえ!!ちっとは燃えるものがなけりゃ、老後は真っ暗だ！
嫁：ますます心配だわ。
じいちゃん：お互いやもめじゃ、どうってことはねえ。
嫁：世間はうるさいですからね。

じいちゃん：老後に咲く花、赤い花だ！この世に咲く花、いろいろあれど……だ。
嫁：楽しそうでいいですね！
じいちゃん：そうだろ！そうだろ！人生二毛作だ!!

1―9 命短し、恋せよ、じいちゃん、健康寿命尽きぬ間に

変化の時代のライフラインは「衣食住学」です。なかんずく高齢者に対する生涯教育は不可欠です。情報通信機器の発達は文字通り暮らしに情報革命をもたらしました。しかし、高齢者に対しては行政も政治もコンピューター・リテラシーの生涯教育を十分に施したとは思えません。情報革命の真ん中で、あろう事か教育行政は、「自己責任」で、自分の好きな「生涯学習」だけやっていればいいんだと高齢者を突き放しました。

公民館は趣味と習い事でいっぱいになりましたが、住民の３割に過ぎません。現代生活に不可欠な情報通信技術を身につけていない高齢者の多くは、情報革命の蚊帳の外にいます。ホームページを見ろと言われても、災害情報を携帯に送ると言われても、携帯から予約ができると言われても、機器を使いこなせないものにとっては意味がありませ

ん。全小学校にコンピューターを配置したのなら、学校に眠っているコンピューターを開放して、小学生に高齢者を教えさせてはどうでしょうか？現代の子どもはほとんど全く社会に貢献していません。携帯や「ライン」に振り回されて、保護者も頭を痛めているというじゃないですか！

子どもに社会貢献の機会を作り、「少老共生」の世代間交流を促す意味でも、少年による高齢者への情報機器リテラシーの貢献は重要です。変化の時代の知識・技術の伝達経路は世代間の役割が逆転しました。現代の知識は、「若い者」から「年寄り」に普及させるのです。

花子：お宅のおじいちゃんケイタイ使ってる？

恵子：ケイタイがなかったら暮らせないって言ってるわ！いつでもどこでもケイタイよ！今じゃ、家族通話以外もただだから大変よ。

花子：そうなんだ。

恵子：どうしたの？お宅のおじいちゃんはケイタイぎらいでしょう！？

花子：だったんだけどね。
恵子：だったんだけど変わったの？
花子：そうらしいの。
恵子：どういう意味？そうらしいって。
花子：オレもそろそろ持とうか、って言い出したの。ねえ、変だと思わない？
恵子：いいんじゃない。やっと時流に乗れたんだし。
花子：でも何か、気になるのよね！あれ程馬鹿にしていたんだから。
恵子：使わないんじゃなくて、馬鹿にしてたの？
花子：そうよ‼詰まらんことをいつもべちゃべちゃって、みんなにからんで‼だから、おじいちゃんの前では使わないようにしてたのよ‼便所でしゃべるなって、兄ちゃんはいつも怒鳴られたわ！
恵子：，へぇー、激しいんだ！ケイタイ哲学なのよ、きっと‼
花子：そうなの。よく考えてしゃべれ。日本語を堕落させるな！空っぽの頭でぺらぺら、べちゃべちゃしゃべるなって。言うことがあるなら考えた末に手紙をかけって。
恵子：すごい！筋金入りだ‼

花子：ケイタイが日本語と日本人を駄目にしたって！かあさんが2階のとうさんに電話したの見つかって二人が怒鳴られたの。父さんには、お前が馬鹿だから嫁さんまで馬鹿になったたって！
恵子：すげぇー!!!
花子：でしょう!!
恵子：でもそこまで徹底したらかっこいいじゃん。
花子：私もそう思ってたの。おじいちゃんのスタイルだって。ところがなのよ。どういう風の吹き回しかしら？
恵子：それって、もしかしてレンアイ？
花子：恋愛！おじいちゃんが！
恵子：古風な女なら古風な男に惹かれるわ、きっと。
花子：それかも!!老人クラブだ!!!
恵子：出会いがあったんだ!!!だからケイタイなのよ。二人だけで話したいのよ。
花子：でも、断固たる「手紙派よ」。
恵子：きっとおばあちゃんがケイタイもってて、手紙を頂くまで待つのが辛いんです、とかなんとか言っちゃって!!私たちには、もう、時間があまり残されていないんですよ、って!!!クッ、クッ、クッ。
花子：それでおじいちゃん悶えてんだ!!よし奮発して、敬老の日のプレゼントにしよう!!
恵子：いいの？そんなに煽って？
花子：いいの！いいの！「ゴンドラの歌」よ！「命短し、恋せよ、じいちゃん」よ!!
恵子：そうよね、そうだわ。「健康寿命」尽きぬ間に！熱き血潮の冷えぬ間に
花子：二人とも年寄りだもんね！明日の月日はないものを!!だわ!!

1—10「アンチ・エイジング」って言うんです!!

人生は社交を捨てたら孤立します。社交はおしゃれに始まります。それゆえ、「おしゃれ」を諦めた人は「負け犬」です。外へ出なけりゃ出会いはありません。人に会わなきゃおしゃれは要りません。化粧もひげ剃りも人に会うから必要なのです。

おしゃれを止めると世界が縮まり、意欲と好奇心がしぼみます。会話をしなくなれば、高齢者は言葉を失います。世の中に興味を失えば、活動が止まります。活動が止まれば、あっという間に老け込みます。それが「廃用症候群」です。人間の使わない機能は衰え

るのです。社交は頭を使い、気を使い、身体を使います。だから社交は大事なのです。人に会うのは、骨が折れ、「力仕事」と言われます。会わなきゃ、あなたが霜枯れます。あなたに会えてうれしいと言ってもらえば、この世の果報。俄然、元気が出るのです。だから、社交は大事です。社交は、おしゃれから始まります。

さあ、お出かけだ、おめかしだ！週に一度の探検だ！格好つけるは世の倣い、騙し、騙され、憂き世の定め。じじばば変装、詐欺もどき。涙ぐましい努力です。天晴れ、お見事、脱帽です。諦めないのはさすがです。

はげた頭にカツラをかぶり、白髪にゃシャレた帽子を載せて、しみ、しわ、くすみはメイクで隠し、お目めぱっちりアイコンタクト、靴は上げ底、総入れ歯、豊胸、しわ取り済んでます。惚けないためのノートレゲーム、中から奇麗になりたくて便秘のクスリものみました。元手は少々かかるけど、健康食品老後の守り、生涯学習老後の誇り、人のふり見て我がふり直せ、無駄なあがきという勿れ。あなたも辿る道ですわ!!アンチ・エイジングと言うんです。高齢社会は待っている、万能細胞待っている!!!

1―11　悪ガキが老いの恋路を邪魔しやがる

じじばばの孫育て責任

過保護の子育ては第2世代に入っています。「貧乏」という家庭教育の大先生は時代の表舞台から退場しました。かつては「貧乏」が「がまん」を教えました。「貧乏」は「働くこと」も「勿体ない」も教えました。

「貧乏大先生」がいなくなって、現代っ子は「家の手伝い」をしなくなりました。

貧しい時代に育った日本の親は、自分に叶わなかった事を子どもには叶えてやりたいと考えました。親としては当然の心情だったと思いますが、敗戦後の欧米流の「子どもを中心に置く（児童中心主義）」教育発想と近年の少子化が「親心」と結びついた時、病的な過保護と放任の甘やかしを生みました。戦中派と第1期戦後派は、戦後の自由と経済復興の中で、自分に叶わなかった事をせめて子どもにはと、子どもの欲求のままに甘やかしてへなへなで、ぶよぶよの「過保護一世」を育てました。過保護一世は、自分たちが育てられた以上に、さらに子どもを甘やかして「過保護二世」を育てました。自分の子どもしか見えないモンスターペアレンツが異常発生したのも当然です。

それでなくても日本は「子宝」の「風土」です。世間は子どもを生活の中心に置いて、みんなが「宝」を守る保護者になりました。中でも少子化時代の孫は4人の爺婆に甘やかされ、貧しさを知らず、不自由を知らず、困難を知らず、がまんを知らず、何ごとも思い通りになるかのごとく錯覚して大人になります。甘やかす側に、「甘い毒」の自覚がなければ、子どもは自分の欲求をコントロールする規範を体得することはできません。まして、学校までが欧米流「児童中心主義」の毒におかされて自尊感情や自己肯定などばかりを説いているので、自己満足したうぬぼれが社会に蔓延しています。今や家庭でも学校でも、権利だけを主張して義務を履行しない「自己中」を育てています。社会に逸脱行動が蔓延するのは必定です。規範を身につけていない子どもを放置すれば、教育公害を発生させることになりかねません。現代の爺婆は、己の子ども時代を思い起こして「がまん」、「礼節」、「お陰さま」を教える役割の自覚が不可欠です。

悪ガキが老いの恋路を邪魔しやがる

花子：吉田のおばあちゃん、もうお帰りになったの？
じいちゃん：うん。帰っちまった！
花子：おじいちゃん、折角準備したケーキ食べなかったの？
じいちゃん：あれが喰わずにもって帰ると言うんでな。オレも喰う気がなくなった。
花子：おばあちゃん、ケーキもって帰ったんだ！
じいちゃん：あそこのくそがきに喰わせたいんだってよ!!
花子：ずいぶん憎らしそうに言うのね。
じいちゃん：お前知っとるか、あのうちのがき？
花子：良く知らないけど、見るからに生意気でやんちゃよね。
じいちゃん：この前、あのうちを訪ねた時、木村のじじいが来たって叫んだんだぞ!!
花子：まあ、ひどい!!あたしだったら許さないわ!!
じいちゃん：だろう！吉田のばあさんもどうかしてるんだ、あの悪がきが可愛いってんだから。
花子：それでおばあちゃんなんて言ったの？

じいちゃん：活発で元気がいいんですよ、だとさ‼口の聞き方を叱りもせんで。馬鹿でないか‼
花子：祖父母は孫に甘いのよね。保育園でも困ってるのよ！それでおじいちゃんどうしたの？
じいちゃん：悟ったね‼「いい女」と「いいばあさん」はちがうんだって！回れ右して帰って来たさ！
あの悪ガキの顔見るだけでむなくそわるい‼あんなとこに居られるかってんだ。
花子：それでおばあちゃんは？
じいちゃん：おろおろしてなんか言ってたようだが、ただ顔を見に寄っただけだって、言ってやった。
花子：それで今日は正装してきたんだ‼おじいちゃんにお詫びを言いたかったのよ、きっと。
じいちゃん：何がお詫びだ‼それでハンカチに包んでケーキを持って帰るのか？あのばあさんは、孫を破滅させるぞ。あのがきは世の中の公害になるぞ‼
花子：厳しいご意見‼
じいちゃん：オレは真面目だ。吉田のばあさんは正気じゃねえ。孫はやりたい放題だ！自分たちが育てられた時代を完全に忘れていやがる。あのばあさんはいい女だが、孫の育て方を見たら、１００年の恋も覚める‼オレは金輪際縁を切る。
花子：尊敬しちゃう！さすがです‼

1—12 健康寿命だ！ほどほどだ！
——読み書き体操ボランティア

頭も身体も生き甲斐も

生涯現役・介護予防の原則は「読み、書き、体操、ボランティア」の4つです。みなさん分かっていると おっしゃいますが、「頻度」の重要性をお分かりではありません。この4つを暮らしの姿勢にして「毎日すること」が大事です。この4つだけでも実際に日々の暮らしに組み込んで続けて行くのは決して簡単ではありません。「継続は力なり」と言いますが、継続には努力が必要で、高齢者のがんばりが不可欠です。「がんばらない健康法」などという本もありましたが、がんばらなくて守れる健康法などあるわけがありません。まして、生きがいのある充実した日々を送るためには、子どもに努力しろというように、高齢者にも努力して下さいと言わなければならないのです。

高齢期に不可避的に衰えるのは肉体であって、頭も気力も必ずしも同じようには衰えません。頭を鍛えるには勉強を続けるしかありません。気力を充実させるには仲間や世間の承認が不可欠です。「あなたに会えて良かった」と言ってもらえれば、元気が出るじゃないですか！ボランティアは、「無用人」を「有用人」にする方法です。生涯教育とは、生涯現役を続けるために「頭を守れ」という意味です。頭は「司令塔」です。司令塔を失えば、人生を失います。ボランティアは、引退後に社会と関わって「有用人」を続ける唯一の方法です。

のんびり、気楽に暮らせという高齢者論は時代遅れであるばかりか、高齢者の老衰を加速させる間違った考え方です。

健康寿命だ！ほどほどだ！

父：お父さん、明日は敬老会ですね。健が学校の宿題で「敬老の日」にちなんで質問があるそうです。お礼は「肩たたき券」だそうです。

祖父：ほう、お前ももらったのか？

父：いや、ぼくは父の日にもらいました。健はお父さんから人生で気をつけることを聞いておきたいそうです。

祖父：そうか！そうか！
あいつは元手がかからなくて、小遣いをせしめるコツを知っているらしいの！お前の手ほどきだな！
父：まあ、そう言わずに褒めてやってください。
祖父：よしよし、健を呼んで来い。
父：おーい、健。おじいちゃんのところへ来い！
孫：はーい、なに？
父：おじいちゃんは明日忙しいから、敬老の日のプレゼントは今日のうちに上げなさい。
孫：いいよ。
父：お前おじいちゃんから、何か聞いておきたいって言ってたよな？
孫：うん。学校の自由研究に出すんだ！ノートに書くよ。
祖父：宿題だな！そりゃ、おお事だ！
孫：宿題じゃないよ！自由研究だよ！お爺ちゃんのいない家だってあるんだから！
祖父：まあそうだな！だけど何だっておじいちゃんなんだ？
孫：一番偉いと思う人に聞いて来いって！

祖父：そうか！そうか！よしよし!!!
父：だったら、かあさんだろ!!
祖父：健太!!お前は黙っていろ!!!
孫：おじいちゃんはいくつですか？
祖父：オレの年も知らんのか！80じゃ。
孫：人生で一番大事なものはなんですか？
祖父：一つだけってえのは難しいな！ま、名前でわかるじゃろう！健三に健太に健だ。何より大事なのは健康だよ。お前の母さんは多美子だから美しいことが大事だそうだ。もう時間切れだがね。
父：しぃーっっ!!聞こえるよ！
祖父：化粧品代は老後に備えたらどうかって言っとけ！
父：言えません!!!
祖父：アンチ・エイジングなんぞ誇大広告に騙されるなって言ってやれ!!
父：言えません！
孫：なに？それ？

祖父：なに母さんの「変装」の話だ。
父：年を取っても老いぼれないって意味だ！
祖父：違う！無駄な抵抗の話だ！次は何だ？
孫：大事なものを守るためにどんな注意をして来ましたか？3つ教えて下さい。
祖父：オレに言わせれば4つだ！この間は医者にも聞かれたよ！「読み、書き、体操、ボランティア」だ。医者がオレを診たのは3分間。オレが語ってやったのは10分間だ。最後は逆さまに「お大事に」って言ってやったよ！
父：本題、本題!!
祖父：そうじゃった。読み書きは頭、体操は健康、ボランティアは生き甲斐だ！ただし、全部の心得は「ほどほど」じゃ。勉強も仕事も喰うことも酒もやることもほどほどじゃ!!
孫：「やることとって？」
祖父：ま、今に分かろうな！先生に分かりますか、って聞いてみな!!
父：おやじ！！健は未だ2年生だよ！
祖父：小学生から教えておけ！お前は程々にやっとるか？

父：「……。」
孫：お父さん、何よ、それ？
父：わからんことは何でも先生に聞いてみろ！
孫：「ボランティア」って？
祖父：「年寄りが働くことじゃ」。「暇」が増えたら、年寄りは「お邪魔虫よ！」
孫：母さんからいろいろ言われてんだ！
祖父：それもあるけどな！オレは働いてるから元気なんじゃ！まして、「おじゃま虫」とか「粗大ゴミ」にはなりたかねえからな！お前も「穀潰し」になるな!!
孫：穀潰し??
祖父：隣のプー太郎のことよ！飯だけ喰って、何もしない奴のことだ！
孫：ふーん!!じゃあ、毎日気をつけてることはなに？
祖父：「中国産」と「期限切れだ！」「先が短い分、何でも先にオレに喰わせるな！って母さんによく言っとけ!!分かっとるんだぞ!!
父：80でも未だこだわるんだ!!

祖父：あたりめえだ！お前も多美子さんも失敬な奴だ!!!長生きは勝負だ!!オレはＬＥＤだ!!
孫：ＬＥＤってなに？
祖父：お前知らねえのか？ノーベル賞だぞ！ＬＥＤは長持ちって意味だ。
孫：ふーん。ところで、勝負って、だれと？
祖父：そりゃ、政府よ。「年寄りは死んでください国のため」などとぬかしやがって。政府の次は昔の仲間よ、その次はかかりつけの医者だ！
孫：おじいちゃん、長生きして認知症心配じゃない？
祖父：そりゃ心配よ！足腰鍛えているからな。おれの徘徊はフォローが大変だぞ！
孫：でも、おじいちゃんは「ノートレ」やってんでしょう？
祖父：あたぼうよ！それが「読み、書き」じゃ。時代において行かれたんじゃ、年寄りの恥だ！お前もしっかり勉強しておけ。リス見たいな小さいトラが労働市場を荒し回っているって話、知っとるか？お前の親父が喰われないように気をつけろ！
孫：ふーん。物知りなんだ!!
祖父：ネットだよ！ネット！学校でもそろそろインターネットを習うだろ？アドレス聞かれたって、

番地なんか言うんじゃねえぞ!!
孫：すごいんだ！まける!!
祖父：わかりゃいいんだ、わかりゃ。舐めるんでねぇぞ、年寄りを!!
孫：おじいちゃんは死ぬ前の遺言とか辞世の歌とか作る？
祖父：辞世の歌ね!!それが中々出来ねえから生きてんのよ。

1―13　ままごとで健康寿命を守れるか！世の中の役に立つ場所がないのに高齢者の誇りが守れるか？

心理的に「隠居」を強要される日本の高齢者は、社会から必要とされる場面が極端に少ないのです。人生が50年しかなかった時代の「余生」の発想を、社会全体が引きずっているからでしょう。高齢者が「世の無用人」（藤沢周平）と呼ばれる所以です。世の中の役に立つ機会がなければ、高齢者の誇りを守ることは出来ません、

残された生涯時間は20～30年もあるのに、役割も、責任もなく、誰にも必要とされなければ、無聊と無為に食い殺されます。引退は「自由の刑」であると言われる所以です。「親

孝行したくないのに親が生き」などという川柳を聞けば、ひがみっぽくなるのも当然でしょう。政治家はなぜ「廃用症候群」の理論をもう少し政策に生かせないのか？勉強が全く足りないのです。

「労働」か「引退」かの二者択一にしないで、少しずつ労働を軽減して行くような労働時間を半分以下にした定年制を作らないのでしょう？なぜ「高齢者ボランティア基金」を作らないのか、なぜ「生涯現役」で「社会貢献」を続ける人々の顕彰制度を作らないのか？公民館も、厚生労働省も「廃用症候群」理論によって、「活動」が活力の維持に有効であることが分かっているのに、なぜままごとのようなゲームや健康体操ばかりやっているのか！趣味やお稽古ごとだけで「生きがい」や「健康寿命」を保障することは出来ないことは、かつての「カルチャー難民」の発生でわかっていることではないのですか？

未だ早い

父：母さん、デイケアを見学して、親父の様子はどんなだろうか？

母:子ども扱いされて、ままごとやらされてまともな年寄りの行くとこじゃねぇ、って、お怒りでした。
父:デイケアの工夫が足りんよな！親父が怒るのも無理無いよ！
母:それでもようやく聞き分けてくれましたよ。お前たちに迷惑かけないよう、来週からデイケアに行ってみるって。

父:今日のデイケアはどうだった？
母:駄目でした。お迎えの方の声を聞いた途端、「もう、いかん」と言った切り、部屋から出て来ません。
父:一体どうしたんだ。
母:何も言ってくれません。
父:おこっているのか？
母:，怒っているわ。明日は花子に付き添わせてみます。
父:この際、一家総動員の非常事態だ!!
母:花子でも駄目でした！

父：おーい、花子。今日のこと聞かせてくれ！親父に何があったんだ？
花子：挨拶の途中だったのよ!!とにかく、入りたくないって!!突然怒りだしたのよ。さっぱり分かんない!!
母：このまえと同じだわ！
父：センターにはお前が挨拶してくれたんだろ？
花子：もちろんよ。おじいちゃんは黙りこくっているんだから。
母：それで先方は何だって？
花子：とっても感じのいい、元気な若い方よ。昨日のお詫びを言ったわ。
母：それで？
花子：おっしゃって下されば、今日だってお迎えに伺ったのにって。本当に親切そうな人よ！
父：おじいちゃんは横にいたのか？
花子：いたわよ！だのに急に「帰る」って歩き出しのよ。挨拶も終らないで、おっかけたわ!!恥ずかしいったらありゃしない!!
母：何となく分かったわ。仏壇で言ってたことはそれだったんだ!!

父：何を言ってた？
母：まだ、まだだって。
花子：どういうこと？
母：「お迎え」は未だ早いってことよ!!!あの方大きい声で「おじいちゃん、お迎え」に来ましたって言ったのよ。花子にも言ったんでしょ？
花子：それだ!!
母：それですよ!!
花子：あの方に頼んで来る！「お迎え」は禁句だって!!

1―14「老いる」とは「加齢に伴う心身の衰えと戦い続ける過程」です

老いの美意識

「老い」は、生き抜くだけでも、万人共通の誠に難しい問題です。「美しく生きなければならない」と言われれば、更に難しい問題になります。

人間が「老いる」とは、意識するとしないとに関わらず、「加齢に伴う心身の衰えと戦い続ける過程」をいいます。この過程が「戦い」であることを意識する人もいれば、しない人もいるでしょう。しかし、加齢とともに、生老病死の宿命に苦しむことは万人共通です。

社会を支える人も社会に支えられる人も、自然的「生命」の重さに変わりはありませんが、前者が存在しなければ、後者は存在し得ないのです。年寄りがみんな同じである筈はありませんが、熟年期はますます「支える側に立つ熟年」と「支えられる側にまわる熟年」に分かれます。生涯教育が「生涯」を看板に掲げる以上、最後は「老い」への「対処」が教育上の任務になります。そして、いかなる対処も「死」という「消滅」をもって終わりを告げます。日本のような「国民皆保険国家」においては、対処の仕方如何で若い世代に重大な迷惑をかけます。それゆえ、生涯教育実践の指し示す「あるべき晩年」は、「生涯現役」です。「現役」に留まるためには、必然的に「死と消滅」に対する「抵抗戦」になります。「老い」は「衰弱」と「死」に向かって降下して行くことだからです。「戦い」という用語や姿勢は、今時のはやりではありませんが、人生の最後が命の消滅である以上、老いとの戦いは、物理的・肉体的には「負け戦」で終ります。しかし、昔の武士と同じように、負け戦であろうと、ぼろぼろになろうと最後まで精神を屹立させ、戦意を失わず「戦い続ける人」は理屈抜きに「美しい」のです。現代日本人の余生論や老後論にはこの「美意識」が欠如しているのです。

義男：じいちゃん、「アンチエイジング」ってなに？
じいちゃん：どうしたお前たち、ふたり揃って？難しいことを聞くもんだ。
花子：この前かあちゃんがテレビみて注文してたからよ。
義男：30分以内に電話すると安くなるんだって！
じいちゃん：父ちゃんには聞いたのか？
花子：そんなことはじいちゃんに聞けって。
じいちゃん：何でだ？
花子：じいちゃんは暇だからだって。
じいちゃん：ふざけた奴だ！あいつは答えるのが怖いのよ。卑怯者が！
義男：なんで？

じいちゃん：母ちゃんにやられるからよ！
義男：どういう意味？
じいちゃん：いいか、「アンチエイジング」には意味が二つあるんだ。
花子：ふーん。
じいちゃん：一つはな、「不老長寿」じゃ。年取らねえってことだ。そんなことできるわけねえだろ!!だから不可能で無謀ちゅうことだ。
花子：「無謀」って？
じいちゃん：無駄なあがきだ。
花子：もっと分かんない!!
じいちゃん：出来もしないことをやろうとしているという意味だ。
義男：それって、母ちゃんが無駄にあがいてるって言うこと？
じいちゃん：分かりが速いじゃないか！
義男：だから父ちゃんは母ちゃんに言えないんだ!!
じいちゃん：あたりだ!!!うっかり言ったら。えらいことになるからの！

花子：二つ目の意味って？
じいちゃん：そりゃ、母ちゃんの化粧品っていうことだ！「金がかかる」という意味もある。
花子：それで母ちゃんは黙ってろ！って言ったんだ!!
じいちゃん：それもあたりだ!!
花子：母ちゃんは中から奇麗になるんだって言ってたよ。
じいちゃん：それはな、便秘を治せっていうことだ!うんこがたまってたんじゃ、奇麗もへったくりもなかろうや。
義男：それで「青汁」か。
じいちゃん：お前分かっとるじゃないか!だけどな、本物の「アンチエイジング」ってのはじいちゃんがやってる勉強のことだ。
花子：惚け防止だ！
じいちゃん：誰がそんなこと言った？
花子：かあちゃんよ。じいちゃんは惚けんのが怖いから焦って「ノートレ」やってるって。
じいちゃん：そんなこと言ってんのか。あたりだけどな。アンチエイジングってのはもうろくしないようにがんばるってこっちゃ。
義男：でも「無謀」なんでしょう？
じいちゃん：そうだ！何やったって、年を取るのは止められねえってことだ。
花子：でも続けるんでしょう！
じいちゃん：あたぼうよ！負け戦でも最後までやるのが侍よ。そこがオレやお前らの母ちゃんの偉いところだ!!
花子：母ちゃん、侍なんだ!!
義男：じいちゃんは足腰鍛えてるから、「徘徊」がはじまったら「おおごと」だって。
じいちゃん：そんなことまで言ってんのか？
義男：アンチエイジング、がんばって!!
じいちゃん：母ちゃんにもがんばれって言っとけ!!おれもがんばるしかねえな。お前らも宿題がんばれ！

1―15　足音聞こえる認知症!!

認知症を知ろう

認知症への恐怖が日本人を鷲掴みにしています。患者数も膨大です。「足腰を鍛えて徘徊恐れられ」という川柳がでるくらいです。医学上、認知症は、後天的な脳の器質的障害により、いったん正常に発達した知能が低下することを言います。「単なるもの忘れとは違う」と強調されますが、現象的には物忘れから始まります。脳が縮んでいく「アルツハイマー型認知症」と、脳の中の血管が詰まり、小さな脳梗塞がたくさん起こった結果の「血管性認知症」があると言われています。日本ではかつては痴呆《ちほう》と呼ばれていた概念です。NHKの番組で「シロスタゾール」というクスリが認知症に効果があるとして紹介されました。予防には毎日の運動が最も効果的であるという研究成果も出ていますます。また、フランス生まれの認知症ケア「ユマニチュード」という技法とその考え方が注目されています。ケアの方法を変えることで認知症の人も変わり、介護者と意思疎通が図れるようになるとこちらも注目されています。

しかし、教育学が注目するのは、使わないことによる脳機能の衰退です。「廃用症候群」の指摘で分かるように、使わない心身の機能は衰退します。特に、高齢期は急速に衰退します。「アルツハイマー型」にも「血管性」にも関わりなく、頭を使わなければ、高齢者の頭は使えなくなるのです。読まない人は読めなくなり、書かない人は書けなくなります。ひきこもれば「対話」がなくなりますから、言葉を失うのも当然です。

筋肉も脳細胞も衰える原理に違いがある筈はありません。寝かせきりにすれば寝たきりになるのと同じです。歩かない人は歩けなくなり、おむつをあてれば自分でトイレに行くことができなくなります。

何もせずにのんびり暮らせば、気力も体力も知力も衰えます。何より、頭の「司令塔」の機能を失います。大部分の「ボケ」は、引退後に楽をして、頭を使わない人に起こることは当然ではないでしょうか！

年寄りにのんびり暮らせということは間違っています。老いて行く両親から役割を奪ってしまう親孝行も間違っています。その結果が1千万人に近い認知症患者ではないでしょうか？

やっときゃやるんだ、時間がねえぞ！

矢野：三浦、お前奥さん亡くして何年になる？
三浦：もうすぐ7年だよ、早いもんだ！
矢野：しょぼくれてんじゃねぇぞ！女なんぞ49日が過ぎたら元気になるって言うぞ!!
三浦：オレも94日が過ぎたら元気が出た。
矢野：何だ、そりゃ？
三浦：しくしく49日、くよくよ94日、という意味だ！
矢野：親父ギャグが出るようじゃ大丈夫だろ！ところで吉田のばあさんとのデートはうまくいってんのか？
三浦：ばあさんじゃねぇ、多美子さんだ！
矢野：おっとっとっと。多美子さんか！
三浦：ぼちぼちだ！
矢野：もう大分長い付き合いだろう？
三浦：もうすぐ2年だ。

矢野：「終活」旅行にはでかけたか？
三浦：まだだ！いろいろ考えると足がすくむ！
矢野：まさか結婚しようって訳じゃねえだろう？再婚はやめとけよ！子どもらとの関係も、財産分与もとにかく面倒が多すぎる!!
三浦：そんなことは考えちゃいない。一人暮らしは寂しいから、日々のパートナーになればそれでいい!!
矢野：相手もそうだよ。それでいいんだよ！もう手ぐらいは握ったんだろう。
三浦：ああ。でもその先が言い出せんのよ。いろいろ自信がないというか……。
矢野：たかがシルバー旅行だ！出かけりゃ分かるさ。問題が解決するか、問題にぶち当たるかどっちかだ。賞味期限が切れてんのか、使用期限が終わったのか、行ってみなきゃ分からねえ！昔から、お前は慎重すぎる。えいやっと跳ぶんだ!!やっときゃやるんだ、時間がねえぞ！
三浦：えいやっと、ね。
矢野：そうだ。えいやっとだ!!これまでの人生に比べりゃ、たいしたことねえだろうに。二人ともやもめだ。駄目元だ!!誰に迷惑かける訳じゃあるまいし。今週中だぞ！報告待ってるぞ！

1週間後……

矢野：おい！決行したか？
三浦：言うだけは言ったが、問題が起こった。
矢野：なによ？
三浦：お前にいわれた通り、えいやっと誘ったよ。シルバー旅行！
矢野：あのばあさん、なんだって？
三浦：ばあさんじゃねぇ、多美子さんだ!!
矢野：おっとっと、多美子さんなんていった？
三浦：嬉しいわ！行きましょう！お誘いいただくのを待っておりました！と来た。
矢野：コンチクショウ！ふざけやがって!!
三浦：たまげたね！
矢野：たまげることはねえ！向こうもお前に惚れてんだ！お前の誘いを待ってたって事さ！上出来、上出来!!なんも問題なんかねぇだろう!!
三浦：それがあるんだ！次の朝のことだ！緊張したせいか、夜中に目が覚めて、本当に彼女が行くって言ったのか自信がなくなった。すっぽりあの人との会話の記憶が抜け落ちてる。一度自信がなくなると、オレが勝手に想像したんでないかって、ますます迷う。認知症が始まったかって震え上がった。
矢野：それでどうした。
三浦：真実一路！正直に告白したさ！再確認だ。「緊張のあまり覚えていないんです！」って。あの人を傷つけるわけにゃいかんからな。
矢野：おまえらしいな。馬鹿正直だ!!それで？
三浦：それがまた大問題だ。
矢野：今度は何だよ？
三浦：「幸せでございました」と来た!!
矢野：うるせぇんだよ、何回も!!
三浦：旅行に行きたいって確かに返事をしたのは覚えてるって。「うれしかった」って、だけど「誰にお返事したんだったかしら？」、自信がないってんだ!!

1―16　全然賢くない年寄りも一杯いるじゃない!!!

日本社会の「年功」は「価値」の蓄積を意味します。「男性主導」で、「長幼の序」の理念を制度に翻訳した「年功序列制」は、未だに日本を支配しています。国際化だ、グローバリゼーションだと騒いでも、制度の哲学は基本的に揺らいでいません。「年功」は、圧倒的な強さで日本型人事を支配しています。それは簡単に変更のできる「仕組み」ではなく、長く日本人が生きて来た「文化」だからです。

日本人にとって、年齢と経験年数は、単なる時間の蓄積ではありません。「価値」の蓄積です。それゆえ、青少年の世界でも、「先輩」は、先輩であるだけで「偉い」のです。年功は、あらゆる社会条件に左右されない「万人に公平な」「価値の基準」なのです。原則として、「年功」の価値は、年齢とともに上がる一方で、下がる事はありません。「長幼の序」や「敬老」の価値観は、文化が守って来たのです。だから「年寄り」に「お」がついて「お年寄り」となるのでしょう。しかし、子どもだって知っているのです。全然賢くない年寄りも一杯いるじゃない!!!

男性の多くが定年後の生活に苦しむのは、「最高位」から「ただの人」へ転落するからです。後輩から尊敬され、「おじいちゃん」で生きるか、「くそじじい」になるかは老後の生き方次第です。「美しく老いる」のは容易ではないのです!!

花子：お母さん、爺ちゃんにはなんで「お」をつけるの？
母：おじいちゃんはお前たちより偉いからよ！
花子：お父さんよりも偉いの？
母：お父さんのお父さんですからね。お父さんよりも偉いのよ。
花子：ふーん。兄ちゃんでも年取ったら偉くなるの？
義男：兄ちゃんでもとはなんか？
母：そうよ！この兄ちゃんでも年取ったら「お年寄り」になるのよ。
義男：ふたりそろって「でも」かよ!!
花子：隣のプー太郎もそうなんだ!!
義男：あいつと一緒にすんな!!

母：そんなこと言っちゃ駄目でしょ！
義男：じいちゃんはいつも言ってるよ。隣のプー太郎みたいになるなって!!
花子：兄ちゃんは半分プー太郎だって！
義男：なんだよ、おまえは！
母：よしなさい。ふたりとも。母さんの言うことを聞いてがんばれば、なりませんよ！
義男：「なりませんよ」って、母さんもプー太郎じゃどうしようもないって思ってんだ!!
母：あら！やだ!!……。
義男：だったらなおさらプー太郎が「お年寄り」になるのっておかしいじゃん？
花子：私もおかしいと思う。
義男：たまには意見が合うじゃん！
花子：お父さんも、お母さんも、じいちゃんもまじめだから「お」をつけてもいいけど、真面目でない人に「お」は付けられない。
義男：だからくそじじいさ!!
花子：そうなんだ!!!

母：（どうしてだろう？？？）

1―17　頭に来るよ、ほんとに、もう!!

隠居は「世の無用人」を作る（藤沢周平）。現代の定年もまた同じであろう。永年勤続表彰を頂いても、家族の感謝の言葉をもらっても、以後は「自由の刑」が続く。自由の刑務所には「鉄格子」はない。看守もいない。どこへ行っても良く、何をするのも自由であるが、日々の満足は自らの力で見つけるしかない。到底「普通人」の耐え得るところではない。だから「刑」なのである。老人の「暴走」は、自由の刑に対する「イラダチ」であり、ひきこもりは「逃避」なのだ。加えて「無用人」はいるだけで邪魔にされる。

シルバー人材を充実し、一般労働者の半分か、3分の1に減らした「高齢者労働法」を作るか、あるいはまた、常に主張しているように「ボランティア基金」を設立して、高齢者の社会参加にせめてガソリン代や弁当代の足しになる「費用弁償」を制度化すべきである。高齢者がお元気を取り戻せば、医療費や介護費を減少させることができるので、十分公共投資の元は取れるのである。「世の無用人」は、社会や他者のために働いてこそ「有用人」になることができるのである。

嫁：お父さま、味のある字ですわ。
オレ：（手が震えてるだけだ‼見え透いたことを‼）
嫁：ポチの無駄吠え、なおりましたね！
オレ：……（お前の無駄吠えが直らねぇ！）
理髪店：耳にかからないようにすればいいですね！ドライヤーもかけておきましょうか？
オレ：おちょくってんのか？何でハゲがあいつらと同じ値段なんだ！
民生委員：立派なお家ですね！おひとりではさびしいくらいですね‼
オレ：（うるせぇんだよ‼お前一緒に住んでみるか！）

オレ：これ、中国産だろう？賞味期限もギリギリだろう！
嫁：あまりお気になさらないで!!気持ちに障りますから……。
オレ：そんなことは安倍に聞け！
孫：年金にボーナス無いの？
オレ：未だ化粧品代要るのか？
妻：未だ散髪代要りますか？
オレ：デザートはないのか？
妻：クスリがあるでしょ!!
嫁：自分史はもう一つ「追記」ですか？長生きも大変ですね！

オレ：（うるせぇー）
息子：まだ宝くじ買うんですか？
オレ：未だ生きるつもりだ！悪かったな!!
嫁：お父さんのこと病院まで送って！
息子：父さんはもう延命不要の尊厳死宣言したんだろう。
オレ：……。

1—18　寂しい日本人の大量発生

個人の自由は、工業と流通の拠点が集積した都市が推進しました。都市型の考え方、都市型の人間関係は、時を経て、農山漁村にも浸透し、最終的には全日本人のライフスタイルの都市化が進行しました。共同体の衰退はライフスタイルの「都市化」として現象したのです。都市化を支える思想の原点は個人の自由と自立です。それゆえ、都市化を受け入れた人々は、組織の束縛も、他者からの干渉も嫌いました。一方、自由と自立を主張する以上、個人の生活や行動が行き詰まったとしても誰も世話はしてくれず、独りぼっちになっても誰もかまってはくれません。自らの工夫と力で生き甲斐を探求し、他者との連帯や絆を築いて行ける人は自立と自由を全うできますが、それができなければ、時に、自立は孤立に、自由は孤独に転落します。「さびしい日本人」が大量に発生するのはこの時です。社会学者は「孤独な群集」と呼びました。

嫁：お父さま、新聞に社会人入学の案内が出ていましたよ。
オレ：「社会人入学」っちゃ「世間」のことを教えんのか？80まで生きた奴に誰が教えんのか！
嫁：違いますよ！社会人が学生になっていろいろな専門分野を学ぶことです。
オレ：そん中に「死に方」はあるのか？
嫁：ある訳ないでしょう!!
オレ：だから大学なんぞ役に立たねぇって言ってるんだ！
孫：学校の帰りに吉田さんに会ったよ！おじいちゃんどうしてるかって？

オレ：おまえ、なんてった？
孫：家事見倣い、って。
オレ：（そういうことか……！）

孫：家系ってあるの？
オレ：長生きの家系とか病気の家系とか色々あるそうだ。
孫：肥満の家系ってある？
オレ：そりゃあるだろうな！
孫：それでポチは太ってるんだ!!!
オレ：（それでお前はぺちゃくちゃしゃべるんだ!!）

花子：おじいちゃん！しりとりやろう!!
オレ：またにしよう!!
花子：どうしてよー！

オレ：気が重くなる!!
花子：なんでぇ？
オレ：お前のしりとりは「糖尿」とか「腰痛」とか「おむつ」とか「便秘」とか「認知症」とかばっかりだ。
花子：ばあちゃんと母さんの話の聞き過ぎだ!!
オレ：(だろうな!!)

看護師：「お薬手帳」はどこですか？
オレ：あんなもんは捨てた！
看護師：まあ！災害があった時に、分からなくなりますよ！
オレ：災害が起きたら、「お薬手帳」とやらもなくなるだろう。無駄金使いおって!!
看護師：これは朝起きて直ぐ。この3つは食後に。こちらは夜寝る前に。いいですね？
オレ：(どれが何に効いてんだ!!!なにがお薬手帳だ!!)

オレ：みろよ！可愛い神社じゃないか！
倅：お参りするの？
オレ：風情がある、って言ってるだけだ！
倅：父さん、長生きより無病を祈って!!
オレ：無粋な野郎だ!!……（オレのことより、リストラと熟年離婚を心配したらどうだ!!）

息子の友人：今日はお揃いで!!
倅：オヤジが荷物持ちやれっていうんでね。
息子の友人：お父上はお元気ですね。秘訣は何でしょうね？
倅：「鈍感」です。
オレ：……

司会者：次は美空ひばりの知られざる名曲「函館山から」です。
歌手：「あなたはもうぉー♪」、「若くはないと♪」……

オレ：うるせぇ、若造!!!

1—19 勿体ない!!

日本の英語教育は勿体ない。学習者が費やす時間もエネルギーも勿体ない。ましてや、英語をものに出来なかった人々の徒労感も挫折感も勿体ない。何より、経済の国際化やグローバリゼーションを言いながら、最低でも6年近く学んだ英語が職業上の「武器」にならないのは誠に勿体ない。

中央には賢い人がいるだろうに、何で英語を国語とする人に免許を与えて先生にしないのだろう。なんで英語の話せない日本人に英語教師の免許を与えるのだろう。阪神・淡路の大震災で来てくれた国際援助隊の医師は、日本の医師免許がないので負傷者の治療を許されなかったと聞いた。それで治療が間に合わなかったというのでは患者は浮かばれない!!この話もひどいが、イギリス人やアメリカ人の英語教師が日本人の英語教師の監督・指導の下に英語を教えるというのは正気の沙汰ではない!!それゆえ、下記のような嫁さんや子どもが育つのである。

嫁：おじいさま、今度小学校にアメリカからＡＴＭの先生がいらっしゃるんですって!!時代は変わりましたねぇ!!
オレ：（ふん、自動支払機が英語を教えるんじゃ、さぞ金がかかるだろう!!!）
花子：お母さん、違うよ！アメリカから来る先生はＡＥＤの先生よ！
嫁：あら、そうだったの!!!
オレ：（ふん、オレの心臓が止まったらそいつを呼んでくれ!!）時代は変わったなぁ!!（お前らだけが変わらねぇ!!舐めんなよ!!）

オレ：お前、こんど花子の小学校にアメリカからＡＬＴの先生が来るって知ってたか？
倅：あいつの学校は合唱が強いから、特別に音楽の先生を呼んだんでしょう!!次の合唱が楽しみです。
オレ：ＡＬＴっちゃ合唱のアルトのことか？
倅：ソプラノはすでにいるそうですから!!
オレ：ふん!!（アメリカから呼ばなきゃ日本にアルトはいねぇのか!!）

花子：じいちゃん、今度のアメリカの先生、日本語しゃべれないんだって!!
オレ：アメリカ人だからな。習ってなきゃしゃべれねぇだろうな。
花子：日本語できないのにどうやって英語教えんの？
オレ：英語で教えんじゃねぇのか!?お前ら英語習いたいんだろ!!
花子：お母さんは一度日本語学校へ行ってから来るんだって！
オレ：ああ、そうか！（お前らも一度英語学校へ行ってから待ってるといいな!!ふん!!）

1―20 地域の子どもは地域で育てる

地域は子どもで繋がっている。未来も子どもで繋がっている。子どもは、「地域の子」だと言う以上はそうあるべきだろう。だから、「地域の子どもは地域で育てる」は流行りのスローガンである。

しかし、問題は「繋がり方」だ！学校運営協議会に地域の人が入ったからと言って「口」で地域がつながる分けはない。子育てアドバイザーを置いたからと言って、「助言」だけで地域が繋がる訳でもない。地域が子どもで繋がるとは、地域の大人が直接子どもと遊び、子どもを教え、子どもを鍛えることだ。だから、子ども会は大事で、学童保育の指導ボランティアが大事なのである。雨の日も、風の日も通学路に立って、礼節の指導もできない年寄りはいい面の皮だ!!

無縁社会の子ども会は、潮が引くように衰退している。学校は税金で蓄えた学校資源を学童保育に使わせることはない。その学童保育は厚労省の管轄を理由に何ひとつ指導などしない。指導員は保身に汲々として指導プログラムの導入やボランティアの参加を恐れている。行政はボランティアの費用弁償さえ考えていない。モンスター・ペアレンツはわが子に口を出すなとわめくばかりである。「地域の子」が育つ訳などないだろう!!

母：花子の担任とお友だちのお母様がお詫びに見えましたわ！
じいちゃん：なんのお詫びだ！花子がどうかしたのか？
母：「デブ」って言われて喧嘩したんですって！
じいちゃん：あいつは少し太めだからな。仕方ねぇだろ。いちいち騒ぐな！

母：人格が傷ついたんじゃないんですか！大泣きして教室を飛び出したんですって！
じいちゃん：何が人格だ！馬鹿も休み休み言え!!「チビ」も「アホ」も「ハゲ」も「デブ」も「ブス」も「ノロマ」も「役立たず」も世間じゃ良くあることじゃ。そんなひ弱に育てたいのか？
母：でも差別用語じゃないんですか？
じいちゃん：言葉を禁じて何が変わった⁉「びっこ」の代わりに「身障者野郎！」って言えば差別じゃなくなるのか！
母：言われた方が傷つくのは差別です。
じいちゃん：そんなひよわに育てんなって言ってんだ!!世間はそんなもんだ！何言われたって、カエルの面にしょんべんだ!!
母：でもわざわざお詫びに見えたのですから。
じいちゃん：なんでオレに関係あるんだ？
母：花子がおじいちゃんに言ってやるって、わめいたんだって!!
じいちゃん：悔しくて苦し紛れになにか言ったんだろう！子どものけんかなんぞうっちゃっておけ!!
母：でもあの子、どこかへ行っちまったんですよ!!

じいちゃん：気が静まりゃ帰って来るさ！子どもの喧嘩に親が出るな！
母：「おとしまえを付ける」って言ったそうですよ!!
じいちゃん：おっとっと！
母：相手のお子さんは意味が分からず先生に聞いたんですって！
じいちゃん：早いな！あいつもう学んだか!!この前「極道の妻たち」を一緒に見たのよ!!
母：感心してる場合じゃありません。とにかく責任を取って下さい！
じいちゃん：うふふ……。分かった!!「教育を遅滞させ。教育行政を混乱させた責任を取る!!」
母：なに訳の分からないことを言ってるんですか!!
じいちゃん：なに、この前辞めた「女大臣」のセリフに倣っただけだ!!裏の居間へお通ししろ!!
嫁：玄関においでなんですよ!!!
じいちゃん：おもてなしだ!!

2　思い知ったか女の怒り、少子化止まらず財政破綻

2—1　先ず家事より始めよ
——知っとうや！飯はテーブルに湧いて来ず、皿は誰かが洗うのよ!!

男女共同参画の実践は家事から始めることが肝要です。法律なんぞいくら決めたところで頑固オヤジのいる私生活には入って行きません！だから、「イクメン」で、「家事男」のモデルを見せることが大事なのです。

家事は「些細なこと」です。教えれば子どもにもできます。しかし、男女共同参画が私生活に導入できるか、否かは、その「些細な」家事の分担にかかっています。家事の一つ一つは些細なことでも、積み重なり、連続すれば、「重大事」になり、「家事労働の刑」となり、やがて夫婦を引き裂き、「奉仕する側」と「奉仕される側」に分断してしまうのです。女を見下して、家事をしない男は、平等とか公平とか、社会的正義を語ってはいけないのです。

世間は「ワークライフ・バランス」が大事と言いますが、そんなもん待ってたら、み

んなばあさんになってしまいます。女性は「不公平」と「不公平感」の両方と戦っているのです。世間が「男女共同参画」を国の「タテマエ」とする一方、自分の家で「男女共同参画」が禁句ならば、女性の胸は不公平感でいっぱいになります。

男の家事は、女性への思いやりが第一歩です。その際、家事は「共同分担」ですから、「やってやる」は禁句です。

ある男女共同参画会議の会長さんが言っていました。思いやりもなく、男の方が「偉い」と思っている「石頭」には、妻の正当防衛として、朝のみそ汁に小さじ1杯の塩を入れなさいって……??

父：あーあ、よく寝た!!おーい、かあさんはどこへいった。
義男：ここにメモがあるよ！図書館へ行きます、って。
父：日曜日にか？
花子：好きなもの作って食べなさいって。
父：未だ怒ってんのか、かあさんは？

花子：冷戦なんでしょ！今度はほんとに怒らせたみたいよ！
義男：昨日も図書館へ行ってたよ！
父：図書館で何やってんだ、かあさんは？
花子：調べ物だって。
義男：字の細かい、難しい本を見てたよ！
父：何の本だ？
義男：わかんない。でも６の字が書いてあったよ！
花子：あれは六法全書って読むんだって。
父：六法全書!!!お前に何か言ってたか？
花子：最後の武器とか何とか、訳の分からないこと言ってたよ。昨日、学校から帰ったら、急にあたしのこと抱きしめたりして、かあさんちょっと変じゃない？
父：お前に何か言ったか？
花子：離さないから、心配するなって。まったくわけ分からん!!
義男：おおごとだ!!男は仲間はずれだ!!

父：おおごとだ!!
義男：父ちゃんに責任あるんよ！
父：何だよ？
花子：この前自分が遅く帰って来たのに、もう寝てんのかって!!女房なんて楽なもんだって!!
父：腹へらして帰って来たんだ。ちっとは腹も立つだろう！
花子：でもお酒飲んでたんでしょう！
義男：タマの飯しかないのかって、どなったよ！覚えてる？
父：やばい!!
義男：マジ、やばいよ!!
花子：その前の日は、父さん先に寝たでしょ!!母さん夜遅くまで仕事してたのに、次の朝は、未だ寝てるって言ってたわ!!当てつけがましく!!
義男：主婦は楽なもんだって!!大きな声で。
父：それを告げ口したのか？
義男：母ちゃん、ちゃんと聞こえてたよ!!だから、父ちゃんが怒ってるって言っただけだよ！

花子：縦のもの横にもしないで、あの人は文句しか言えないのかって‼
義男：まずい‼
花子：主婦が楽だと思ったら、自分でやってみなって!!!
義男：大いにまずい‼
花子：解決法はあるよ‼
父：なんだ、解決法って？
花子：今朝の朝ご飯を作って、お皿を洗いなさい！かあさんが帰って来たら今日は日曜だからみんなでうまいものを食べに行こうっていいなさい。明るく言うのよ‼
義男：僕らは賛成‼そうしよう！それがいいって、叫ぶよ。
父：何でそんなことが解決法なんだ？
義男：だめだ、こりゃ‼
花子：全然駄目だ!!!
義男：先生がね、男の家事は男女共同参画の出発点だって‼分かる‼
父：よく分かんねえ‼

花子：正直でいいけど、それじゃ六法よ!!!

2―2　男女共同参画の分かれ道

男女共同参画は、男と女を2分しました。それが「変わってしまった女」と「変わりたくない男」です。男は長く続いた「筋肉文化」（＊1）の支配の下で居心地良く過ごして来たので、現在の男性優位のあり方を改めようとはしません。必然的に男は男女平等の変革の抵抗勢力になります。結婚が難しくなるのはそのためです。女性が掲げる結婚の条件、男性を見る目は厳しくなりました。結婚したくなるような男がいなければ、未婚を通してもいいと思うようになっています。女性の社会進出が経済的自立を保障していきます。だから、少子化は止まりません。

花子：どうやって彼を切ったの？
恵子：最後まで誕生日を聞かないの！
花子：それだけ？

恵子：電話するって言って電話しないの！
花子：怒るだけでしょ!!
恵子：貯金あるって聞くの!!
花子：まあ！えげつない！
恵子：とどめは、家事も育児もする男に会ったって。素敵だったわ!!って、何度も言うの！そして最後に「あなたの重荷になりたくないから別れます」、って言ったの!!!

（＊1）道具が未発達の時代、筋肉の働きに勝る男性は、日々の労働も戦争も主役になり、社会の支配者になった。歴史的に女性を男性に従属させたものは筋肉の働きであり、筋肉が男女の主従関係を決定した文化を「筋肉文化」と呼ぶ。拙著、「変わってしまった女と変わりたくない男」、学文社、ｐ18、２００９年

2―3　婚活エレジー

男は自分で変わる努力をしなければ、女性は結婚してくれません。農村の嫁不足は、祭りの「直会」から「子ども神楽」まで、あらゆる分野で農村文化が女性を2流の市民として差別的に扱って来た必然の結果です。農家にもお嬢さんはいます。しかし、農家

の母は、娘を農家へ嫁がせようとは思いません。自分と同じ目に合わせたくないからです。母を見て来た娘もまた同じ気持ちでいます。どのような農業政策を取ろうが、後継者の生まれない従来農業に未来はありません。女性に見捨てられた農業は、今や、絶滅危惧種です。

しかし、「変わりたくない男」は頑迷です。彼らの現状が変わらないとすれば、女性は、諦めて従来通りの男と妥協するか、男を捕まえて再教育するか、未婚を通すか、人生の分かれ道になります。

元カノの名前を付けていやされる（カヨちゃんかわゆい‼、草食系男子）

元カレの名前を付けて犬を飼う（ゴロウ、「おすわり」、「お手」、「待て」、肉食系女子）

恵子：しばらく！げんきそうね！

花子：お陰さまです。

恵子：こんど新居に犬も飼ったんだって？ネコもいるのに？

花子：どうして知ってるの？

恵子：この間、偶然お兄様にあったのよ、街ん中で。
花子：あのおしゃべり！
恵子：犬のことぐらいいいでしょ！
花子：まあね！可愛くていやされるわ!!あなたも飼ってみたら！
恵子：自分の面倒も見れないのよ！ペットなんて！ところで、お兄様、未だ独身？
花子：あの兄貴よ！誰か来ると思う!?
恵子：だっていい男よ！
花子：あなたどうしたの！顔にだまされたら駄目って言ったの、あなたよ！女を見下してるんだから、あの男！
恵子：あなたは妹だからよ。とても紳士だったわ!!
花子：甘い！甘い!!未だにあの古い「関白宣言」なんか歌ってんだから。時代錯誤の二本足よ！
恵子：草食系が多い中で、魅力だわ！
花子：馬鹿ねぇ！しっかりしてよ!!時々、オレは九州男児の伝統を守るって叫ぶのよ！そのたんびに母さんに叱られてるわ！とうさんのようになったら承知しないからって!!男は女より偉いって思ってるのよ！まったく!!とうさんのＤＮＡよ!!
恵子：それでも「草」食べてる男よりいいわ！女だって草は食べないでしょう。
花子：何よ、それって。
恵子：最近、男っぽいのがいないってこと！
花子：忘れたの、あなた?家の母やあなたのお母さんの苦労、覚えてるでしょ!!二人とも、来世はあいう男とは金輪際一緒にならないって!!こないだ言ってたわ！
恵子：それはそうだけど。
花子：あたしが結婚決めたとき、かあさん迫力だったわ!!、「後でプロポーズ断れば良かったって思わないようにするのよ」って言ったわ。きっと自分の気持ちなんだ!!
恵子：すごい!!実感籠ってたんだ!!
花子：そうよ!!みんなで戦ったから、ようやく女は男からの自立を勝ち取りつつあるのよ!!私はあなたの影響を受けたのよ!!
恵子：昔のことね！もう10年も前のことよ!!悔しいけど、今は「負け犬」だわ！いつかは分かってくれる男が現れると思ったわ。

花子：あまい、あまい、あまい!!!何もしないでいて現れるわけないでしょ！男を捕まえて教育するんだってあなた言ってたでしょ！
恵子：そんなこと言ったっけ？
花子：言ったわよ。あの頃のあなた輝いていたわ!!私その通りにしてるのよ！
恵子：ガッツが無くなったわ！今のわたしって、男に尽くす方がむいてるかも!!
花子：まあ、あきれた。「大阪しぐれ」ね！昔のあなたはどこへ行ったの？
恵子：なによ「おおさかしぐれ」って？
花子：都はるみよ。「尽くし足りない私が悪い」って歌うのよ!!
恵子：昔は昔、今は今よ！正しくても、結婚できなきゃね！
花子：家へ来て絶対そんな惨めな話しないでね!!今、彼を教育中なんだから!!
恵子：どういうこと？
花子：子育ても家事も仕込んで、イクメンと家事男にしているっていうこと！だから！犬のゴロちゃんも、ネコのはじめ君も彼の当番にしてるの。子どもが生まれたときの予行演習よ！
恵子：あなた!!ゴロちゃんって、あの人のことでしょ！はじめ君ってその前の人でしょ!!

花子：そうだったかしら？
恵子：呆れたわ!!ご主人、知ってんの？
花子：知る訳ないでしょ!!しゃべったら絶交よ!!!
恵子：おんなの自立ってそこまで出来るんだ!!
花子：あなたの教育のお蔭だわ！今の私は、ゴロウ君とはじめ君の反省の上に立って生きてるのよ。忘れないようにしなきゃ！
恵子：ものは言いようね!!たくましい。
花子：センセイがよかったからです。あなたのお蔭です。恵子もがんばれ!!!

2―4　パラサイトシングル
――「子離れのできない親」と「親離れのできない子ども」

家族を食いつぶす

パラサイトとは「寄生」、シングルとは「未婚」の意味です。学校を出た後も、親に基本的生活を依存しながらリッチに生活を送る未婚者を言います。東京学芸大学教授の山田昌弘氏の造語と言われています。親に家事を任せ、収入の大半を小遣いに充てることができ、時間的・経済的に豊かな生活を送っているので、結婚したがらないのも当然でしょう。教育学的には、「子離れのできない親」と「親離れのできない子ども」が相互にもたれ合っているという現象です。「自立できないこと」を恥とする欧米文化には見られないそうです。親も子も、自立できなくても恥だと思わない日本の過保護な子育てが生み出した特有の現象でしょう。韓国でも似たような現象があるそうで、親の腹の中で成長するカンガルーに似ているので「カンガルー族」と呼ばれています。未婚の上、親がだんだん年を取って行くので、親の方が、近年大いに慌て始めているというのが実態です。川柳には「まだ早い、そろそろ行けば、早く行け」とあり、親の狼狽を物語ってあまりあります。長年親に寄生して来た者が、親の老後に頼りになる筈はなく、大本の家族が寄生の条件に合わなくなれば、逃げ出すことは目に見えているからです。

母：お父さん、ちょっと来て下さい。

父：分かってるよ。部屋は明日必ず片付ける。約束するよ！

母：それはそれです。今夜は花子をかたづけることです。
父：散らかした部屋みたいにいうんだな。
母：そんな悠長なこと言って。このまま家にいたらどうなるの？
父：それはおおごとだ!!
母：そうでしょう！
父：母親から言ってやれ。その方が傷つかないだろう。
母：もう言いました。あの子は十分傷ついてます!!あなたは、大事なことからいつも逃げるんだから!!
花子：大きな声出して何の話？
父：かあさんがな、部屋よりお前を片付けたいって！
母：この卑怯者!!花子！この前の続き！結婚のことよ。お父さん、ちゃんと言いなさい！
父：母さんがな！そろそろお前も潮時だと。
母：あたしの所為にしないで!!
花子：何よ、潮時って？お父さんまで。「まだまだ」って言ったでしょう!!

父：あれは10年前のことだ。
母：そうですよ。ずいぶん婚活も楽しんだでしょう？もうそろそろですよ。
父：「ほどほど」でいいんだよ。選り好みしないでさ！
花子：母さんまで何よ‼男女共同参画の分からない男は駄目だって言ったでしょ！
母：それはあの時のことよ。
花子：草食系も駄目、父さんみたいに女を見下して威張っている男も駄目って‼
父：おい、おい。
母：もう「程々」でいいのよ。見切りなんだから。
花子：どういう意味、「見切り」って？
母：相手に見切りを付けるって言うこと。あまり難しく考えないで！
父：おまえも「みきり」だってことだよ。季節が変われば、バーゲンで見切るんだ！
母：おとうさん‼
花子：ひどい!!!「そろそろ」が何で「見切り」なのよ？
父：お前が見切らなければ、相手がお前を見切り始めるということだ！

母：そうですよ。早くしないと「そろそろ」も終わりますよ。
父：そうだ！「そろそろ」は「締め切り」って意味だ！
母：何ごとも「ほどほど」がだいじなのよ！父さんを見れば分かるでしょ!!
父：ちぇ！おたがいさまよ！
母：いろいろな方とお付き合いしたでしょう？
花子：あいつはだめ！こいつは頼りないって言ったでしょ!!
父：今となっては何でもいいから「早く行け」ということだ！
花子：わかってんの？二人とも？「まだまだ」って言ったのよ。理想は高く持て！伴侶は慎重に選べ！って言ったのよ。それが今日になって「そろそろ」とか「程々でいい」とか。最後は「みきり」で、バーゲンだから「早く行け」とか。もういい!!この家に永遠にいてやるから!!!

2―5　行き遅れ歌会はじめ哀しけり
――男女共同参画の功罪

男女共同参画思想はもちろん「功」の方が大きいのです。女性の社会的・経済的自立、「同質労働、同一賃金」の実現、男性と対等な能力の発揮、長く「犬も喰わない」と曖昧にされて来た家庭内傷害罪の社会的処罰、少子化を補う労働力の補填、何よりも女性自身の幸福に貢献しました。

一方、「罪」の最たるものは、結婚適齢期にある男女の間にミスマッチを引き起こしたことでしょう。女性の男性に対する評価基準が厳しくなった分、男性の多くは結婚してもらえず、女性の多くは結婚に踏み切らせる男性に巡り会うことができません。かくして「晩婚化」と「少子化」は続きます。

見渡せば、熟年親にパラサイト、高齢団地秋の夕暮れ（爺）
花も茶も英語も出来る孫の手に結婚線を探していたり（婆）
プレゼント出していいやら悪いやら禁句となりし誕生日かな（父）
残り物福などあるか、バーゲンと貼ってやりたい娘の背中（母）
長き世を女を知らず朽ちて行く、子の行く末を哀れと思え（息子）
今にして未だ気付かぬか父も子も女軽んじた因果と思え（母）

情あれば機会与えよわれもまた悔い改めて尽くさんと思う（息子）
まだまだと言いしばかりに惜春の長々し夜を一人かも寝ん（娘）
あれ「関白」これ「草食」と選り好み　男女共同行き遅れたり（娘）
九州の男気守る父の背に学びて四十路未だ一人なり（息子）

2―6　急げ婚活！

行政は、現代の結婚は男女共同参画がカギであることを理解しません。それゆえ、行政「婚活」は、「男を変える」「気」も「力」も全くありません。バスハイクやパーティーのような集団見合いで事が済むと思っています。だから、役所の「予算消化」事情を見抜いている男女に遊ばれ、バスハイクや飲み食いをただ乗りされ、税金をどぶに捨てるような結果に終わっています。納税者こそいい面の皮というものです。もちろん、男の方が偉いのだと過信して自己改造のできない男は女性から見限られます。また、男女共同参画の分かる男に巡り会えない女性はずるずると晩婚化の道を辿ります。男女共に、パラサイトシングルは増加し続けています。

木村：明けましておめでとうございます。お見事です！全員お揃いで初詣とは!!まるで「チェーホフ」といいますか、奥様を加えて「細雪」と言いますか！

母：まあ、お口上手な！おっほほ！

父：なんだ？あれは？

ばあちゃん：３人姉妹だよ!!多美子さんを入れて４人姉妹だって!!

じいちゃん：娘３人、行き遅れてるってこっちゃ、あの野郎!!

2―7 教育は「風」
――ゆめ、母ちゃんを舐めんなよ!!

風に学ぶ

日本人は、「家風」といい、「校風」といい、教育は「風」であると考えて来ました。それゆえ、昔の少年院は「感化院」と呼ばれました。「勤労」や「共同」や「義務」や「ルールへの服従」を、指導集団が一致して教えました。「みんなそうする」から「ぼくもそうする」という風が吹くことを経験的に知っていたのです。少年たちは、指導者から直接学ぶとともに、多くをこの「風」から学ぶのです。それを「感じて化ける」：「感化」と呼んだのです。アメリカの心理学者たちは、この「風」を実験的に作り出すことに成功し、「集団圧力」と呼びました。

日本の多くの学校の規範教育が弱く、統率が取れないのは、意図的に校長に逆らうかつての組合問題のように、教職員が一致して指導に当たっていないからです。いじめが止まらないのは、「いじめは卑怯だ」という断固たる「風」が吹いていないからです。家庭も同じです。両親のしつけの発想がバラバラであれば、「家風」が吹く筈はないのです。

母：義男、テーブル片付けて頂戴!!
義男：ちょっと待って、今これ見てから。
母：テレビ消して!!直ぐやりなさい。
義男：あとちょっとだけ！
花子：お兄ちゃんの作戦よ！

母：どういうこと？
花子：母さんが自分でやった方が早いって気付くの、待ってんのよ！
母：そうなの？義男!!!
義男：だって、父ちゃんが……。
母：父ちゃんがどうしたって？
義男：男は台所でうろちょろするなって！
花子：父ちゃんの所為にしてさぼる気なのよ。
母：許せない、あの粗大ゴミ!!義男、お前の昼ご飯はないからね！
義男：すぐやるよ！すぐやります！父ちゃんが言ったって言っただけなのに！
母：学校の家庭科は男女共修になったんでしょ!?一体なに習ってんの？
義男：別にぃー。
花子：家庭科なんてマザコンの草食系がやることだって言ってたよ！
義男：父ちゃんがそう言ったんだ!!
母：花子！外へ行くよ。準備しなさい!!

花子：やったあ!!父さんのお陰だ!!!
義男：ぼくは？
母：お前は父ちゃんの倅だろ！二人で仲良くやんなさい!!
義男：ちゃんとやるよ。連れてってよ？
母：ちゃんとやれるかどうかを見てから決める。子どものうちから、女を舐めんじゃないよ！

2−8 「学ぶ」は「真似ぶ」
——どこか切なく、哀しくて

「憧れ」は、「りっしんべん」に「わらべ」と書きます。漢字文化圏の人々は、子どもが「憧れる存在」であることを知っていたのです。憧れの対象を「ロール・モデル」といい、子どもはいつもモデルを捜しています。父を尊敬すれば父に憧れ、母を尊敬すれば母に憧れ、先生を尊敬すれば先生に憧れ、憧れの人に近づこうとします。それゆえ、指導者に対する礼節を教え、尊敬を教えることは教育で最も大事なことです。礼節も尊敬も、「あの人のようでありたい」という「あこがれ」が原点にあるからです。

また、子どもに尊敬の念と礼節を教えることは指導者の基本的役割です。だから、「仰げば尊し」を教え、「父の恩は山よりも高く」、「母の恩は海よりも深い」と教えたのです。実際には、「尊くない」教師もいれば、子どもを虐待する親もいるのですが、抽象論としては「指導者・保護者」への尊敬を教えるのです。親も、教師も、子どもと対等の友だちになったら、子どもの反抗や気ままを抑えて、規範を教えることはできません。指導者と子どもが対等である筈はないのです。

父：花子は何で泣いてんだ?
母：義男がなんか言ったのよ。
父：義男！きょうだいげんかはやめろって言ったろう！なんで花子を泣かすんだ！女の子に暴力は絶対にいかんと言っただろう。女に手を上げんのは、男の屑だ!!卑怯者が!!
母：今日はお父さん良いこと言うじゃない！
父：今日に限ったことじゃない!!真っ当な男は女に手は挙げないもんだ!!
母：義男！良く聞いときな！父ちゃんのたった一つの良いところだ。

父：たった一つって？他に良いところはないのか？
母：家事をやるようになったら、もっと褒めて上げるわよ!!!
父：台所は女の仕事だ！男は他にやることがあるんだ！男子厨房にいるべからず、だ!!!
母：ちっ！このくず！男のかす！家事を見下し、女を見下した言い草よ!!義男は父ちゃんみたいに偉そうな口をきくんじゃないよ!!
義男：ボク、女を見下してなんかいないよ!!
父：だったら、何で花子があんなに泣いてんだ！
母：義男！さっき花子に言ったこと、お父さんに言いなさい。お父さんは分かってないんだから……。
義男：花子は、父ちゃんに似てるっていっただけだよ!!
父：似てて当たり前だろ！オレに似てるからどうしたって言うんだ!!!
花子：うわーん!!!

2―9 「平均寿命」から「健康寿命」へ

日本中が健康志向になっています。テレビのコマーシャルは健康食品で溢れています。悪いことではないでしょう。食育基本法（平成21年）が制定され、メタボリック症候群（「内臓脂肪症候群」）などという難しい名前も飛び交っています。おへその高さの腹囲が男性で85㎝以上、女性で90㎝以上の人はメタボリック症候群の疑いあり、ということです。

メタボリック症候群とはこの腹囲の基準に加えて高脂血症、高血糖、高血圧のうち、2つ以上に該当する病気です。主な原因は食べ過ぎと運動不足です。飽食の時代に、自覚して取り組まない限り、予防できる筈はありません。「がんばらない健康法」という本がありましたが、運動から食養生までがんばらなくていい健康法などある訳はないのです。過食と運動不足により内蔵に必要以上の内臓脂肪ができると代謝の異常が生じるということです。高齢社会の生活習慣病を抑えないと国家財政が破綻します。子どもたちですら、親の腹回りを気にするような時代になったということです。遅まきながら。

政策の重点も「平均寿命」から「健康寿命」へ転換されました。

父：義男、花子！学校は休みになったろう。通信簿もってこい！
義男&花子：はーい！
父：花子は相変わらずがんばってんな！偉いぞ。ほう！義男もがんばったじゃないか!!母さん義男の通信簿見たか？がんばってるぞ！義男は理科が「5」だぞ!!あいつは理科が得意なんだ！遂に我が家にも有望な理系が育ったか！いいぞ、いいぞ!!!
父：おーい、母さん、聞いてんのか？
母：「……。」
父：花子！母さんは何を怒ってんだ？
花子：兄ちゃんよ！
父：義男がどうかしたか？
花子：理科が「5」だからって調子に乗ったのよ！
父：なんかまずいこと言ったんだ!!

花子：「体脂肪」燃やして発電できるかって母ちゃんにわざと聞いたのよ!!
父：出来たら、ノーベル賞だろ!!!
花子：あっ、言うてやろ。

2—10 最後は生涯教育だ!!
——養育の社会化

晩婚化問題は別として、養育の社会化を制度的に保障できないことが、少子化を止められない最大原因です。政治は何十年も前の縦割り分業を放置したままで、「少子化」を止められると思っています。今頃になって「全国知事会」が「少子化非常事態宣言」を出しました。男性政治家は「出産」—「子育て」の養育過程で女性が当面する「負担」と「不安」の「重要性」が分からないのです。

女性の労働力をあてにして、社会参画を促しながら、「子どもも生んで下さい」と言う以上は、これまでの養育システムも、子育ての観念も見直さなければなりません。女性は、自分たちの就業に伴って、子どもの安全を守り、発達を保障できるかが心配だから、子どもを産めないのです。

　女性を支援するとは、「親権」に代表される子育ての「私事性」概念を一部修正し、「社会の子ども」として、養育の一部を社会が引き受けることです。幼稚園と保育園を統合し、学童保育と学校教育を連携させ、就労する母親に養育上後顧の憂いがないようなシステムを確立できれば、間違いなく状況は変わります。

「養育の社会化」の発想は、「介護の社会化」と同じ発想です。老老介護の悲惨を経験して以来、政治家も介護の私事性の限界を理解して、介護保険を導入しました。同じように、女性の社会参加を促すのであれば、子育ての私事性にも限界があることを理解しなければなりません。養育の社会化とは、女性の心配を解消し、子育ての一部を社会が引き受けるということです。子育てをやったことのない男は分かりが遅いのです。少子化を止められないことが高齢社会の諸問題をますます難しくしているのです。

妻：あなたのお友だちの奥様、先日の披露宴のお礼に見えましたよ。新婦は花子が知っていた方ですよ。
夫：次が花子の番だといいんだがな!!

妻：花子は理想が高いですからね。あの子にもそろそろ妥協することを教えないといけませんねえ。
夫：どういうことだ？
妻：もう恋はしたくないからって、結婚したんですってよ、あのお嬢さん。
夫：そんなこと言ってんのか？とても先方には言えないな!!
妻：出来ちゃった婚ですってよ！!!
夫：花子はそんなことまで知ってんのか？
妻：今時の流行りですよ。だから周りは余計安心したんでしょう！
夫：本人達も親もやれやれだろうな!!
妻：花子もそうなるといいですね!!
夫：おい、おい、おどかすな、花子にはちゃんと言っとけよ！
妻：一応、言いましたよ！そしたら花子ったら、一番安心したのは命拾いした腹の子だろって!!!
夫：意味深だな！呆れたもんだ！あいつは何でも知ってるんだ!!
妻：私もあきれて言ったんですよ！何でそんな風に考えるのかって！そしたら、父さんがニュースの裏を読めって、言ったって！

夫：オレのせいか？
妻：女の子同士は、何でも話すんですよ。
夫：あいつもあいつの息子も真面目だから何とかやるだろう。
妻：マザコンなんですってよ、あの息子さん！
夫：この上、未だ、言うのか！あいつもおとなしいから、似たんだろな。
妻：ちゃんと決めて、っていうと、お母さんに相談する、って言うんですって。
夫：オレだってそうだ、家庭はそれくらいが平和でいい！
妻：でも「草食系」はだめなんでしょう!!新婦はあなたのお友だちを見て後悔してるって！
夫：どういう意味だ？
妻：花子に言ったそうよ。目は一重だし、顎は二重だし、腹は出てるし、髪は薄いし、育毛剤ももう遅いだろうって。親族代表挨拶の苦労話で泣いてたって!!苦労したらやせる筈なのに太ってるって!!
夫：ちっ、ちっ。ふざけた女だ！
妻：遺伝子はいずれ出て来て、彼もああなるって！
夫：しかたねえだろ！自分のこと棚に上げて!!

妻：生まれて来る子がおばあちゃん似だったら、まだいいけど爺ちゃん似だったらどうしようって!!
夫：ひでえこと言いやがる。
妻：あなたもそんな風にみられるのですよ！
夫：なんちゅうやつだ!!お前もそんなこと考えてたのか？
妻：女はみんな考えるんですよ！この人に人生を預けて大丈夫かって？
夫：オレは合格したっちゅうことだ!!!
妻：程々でえいやって、諦めたんですよ！
夫：ちえっ、お互い様だろ!!
妻：未だ分かってないんですね!!むかし、花子は父さん似よ、って言ったら泣いたんですよ！
夫：どういうことだ！そう言うお前がおれを選んだじゃないか。
妻：忘れっぽいですね。あなたが選んだんですよ。
夫：選ばれてやったってことか？
妻：人生は見切りとあきらめが肝心です！だからこうして一緒に渋茶飲んでるんですよ。
夫：見切り品でがまんしたってわけだ!!

妻：それもお互い様ですよ！後は教育次第ですよ!!
夫：それが生涯教育か？……
妻：花子にも言ってやって下さい。程々に見切りをつけて孫を生みなさいって。社会のためにも、我が家のためにもそれが一番！後は教育次第ですよ!!

2―11　おもろうてやがて愛《かな》しき夫婦《めおと》かな

「あの世離婚」は避けたいものです

独身女性を想定してお墓のセールをやった墓石業界は驚きました。先祖伝来の墓を持つ何人もの熟年女性がお墓を買いに来たからです。よくよく聞いて見ると、亭主の鈍感さにも、舅姑の息子びいきにもほとほと愛想が尽きて、堪忍袋の緒が切れたそうです。もちろん、熟年離婚も考えましたが、年金を二つに割ったのでは更に惨めになるばかり、子どもも老いた両親の不仲は見たくないだろうと考えた末に、この世のことはがまんすることにしたそうです。

しかし、現世で、一度も自分の味方をしてくれなかった亭主や舅姑と来世まで一緒はあり得ないと考えたそうです。だから、結論は、一緒の墓には入らないという「あの世離婚」だそうです。最後の支えはお互いのはずなのに、男女共同参画の実現しなかった家庭の悲しい老後です。

　医師の黒川順夫氏は、熟年女性に起こりがちなストレスによる心身症は、定年で帰って来た亭主に原因があると見抜きました。「オレが外で稼ぐから、内のことはお前に頼む」という従来方の「性別役割分業」は、「外で稼ぐ」ことの終わる定年と同時に終わります。そこから、せめて家事の男女共同参画が始まるべきなのですが、家に戻った多くの男は縦のものを横にもしません。あまつさえ、地域のボランティアで活躍する女房に「オレの昼飯はどうなっとるか」、「我が家のボランティアはどうするのか」と聞くそうです。

　がまんの限界に達した女性の怒りを黒川氏は「主人在宅ストレス症候群」と名付けました。「主人よ、あなたがストレスです」という本も出ました。男たちよ！多少は悔い改めなければ、あなたの介護はないんじゃないでしょうか？

夫：いらっしゃい。お待ちしておりました。ハニー、矢野さんのお着きだよ。

妻：暫くでした。ご近所に仕事がおありだったそうで……。どうぞ、お入りください。ダーリン、応接間へご案内して。
夫：はいはい。矢野さんどうぞ、こちらへ。どうぞ、どうぞ。スイートハート、矢野さんのコートを受け取って。
矢野：お邪魔します。お招きに預かりまして……。
夫：良くいらっしゃいました。どうぞ、お坐りください。
妻：ダーリン、お飲物のご注文を聞いて！
夫：マイラブ、矢野さんはグリーンティー派だよ。
矢野：どうぞ、あまりおかまいなく。これは詰まらないものですが、土地の名物です。
夫：ご丁寧にどうも。スイートハート、お土産を頂きましたよ！
妻：Ｔｈａｎｋ　Ｙｏｕ．矢野さん、ｓｏ　ｍｕｃｈ！
夫：スイートハート、肉を焼くときはいつでも呼んで！
妻：Ｙｅｓ、ダーリン。後30分ぐらいしたらお願いね。今、お茶をお持ちしますからね！
夫：イエス、パンプキン！（カボチャの意味ですから、日本人妻には絶対に使わないで下さい!!）

矢野：三浦さん、驚きました！ご結婚なさってもう大分長いでしょう？
夫：もうすぐ50年になります。
矢野：すごいですね！新鮮ですね!!実に驚きました。未だにハニー、スイートハート、マイラブにダーリンですか!!!これが国際結婚の秘訣なんですね!!!我が家では「おーい」ですよ。
夫：お静かに！お静かに。内緒ですよ！絶対に内緒ですよ！ここ5年ほど妻の名前を思い出せない時が多いんですよ。窮余の一策です。お宅の奥様は、お名前なんとおっしゃいましたっけ？
矢野：妻ですか？えーと。それがですね、なんだっけ。困りましたね！やっぱり「おーい」ですね。

3　雨にも負ける、風にも負ける、ひ弱で自己中、うぬぼれ個性、こんな子どもに、誰がした

3―1　なぜ学校は鍛えないのか！

なぜ、戦後日本は「鍛錬」を投げ捨てたのか？愚かな教員たちが「軍国主義だ」、「反動」だと騒いだせいか？なぜ学校は「守役」の任務を忘れて、子どもの機嫌ばかりとるのか？日本は「子宝」の風土です。当然、子どもは家の「宝」、だから、保護は保護者に任せればいい！学校は未来を支える子どもの鍛錬にこそ全力を注ぐべきなのです。

それなのに、なぜ未熟な子どもに、「精進」と「自己否定」を教えずに、「自尊」や「自己肯定」ばかりを教えるのか？「自己中」は家庭が作り出しているが、「へなへな」と「心身症」と「新型うつ病」は学校が親と一緒になって作り出しているのです。

現代っ子は、少しの「負荷」に対しても、「きつい」と言い、「やりたくない」と言う。「頑張れ」と言えば、「面白くない」と答える。少し叱っただけで親に言いつけ、親は学校へ注文をつける。そもそも学校に対する信頼と尊敬がないからです。責任の大部分は

学校にあります。現代の学校は、「守役」としての「使命感」と「自覚」を欠いているからです。

それでも心ある学校が子どもの未来のために鍛錬を始めると、「やりたくない」、「行きたくない」、「やだ」と子どもが騒ぎます。子どもが騒げば、親も騒ぎ、世間も騒ぎます。

誰が子どもを宝とする風土に、「子どもの権利条例」などとたわけたことを言い出したのでしょうか?この国の子どもは「授かりもの」です。女の子を恵まれた、男の子を授かったと言うではないですか!「七歳までは神のうち」と言うではないですか!

誰が「人権」という教員には裁定不能な法律概念を教育に持ち込んだのでしょうか?大体、教育に「いじめられる者の人権」と「いじめる奴の人権」が判断できるでしょうか?できないから「いじめ」が続いているのではないですか!

子どもは未熟な「発展途上人」。昔だったら「半人前」。そんな子どもの「主体性」を誰が教育に持ち込んだのでしょうか?

なぜ学校は子どもを鍛えないのですか!なぜ教師は「守役」を降りたのですか?

「自分でやれ」と指導するから自分で出来るようになるのです。自律は他律から始めるのです。未だ自分で決められず、未だ自分でやれないから、子どもは「半人前」なのです。何十年も体力測定をやって来て、なぜ筋肉や心肺機能に「負荷」をかける指導を始めないのでしょう！45分の授業に耐える体力も耐性もなくてどうやって学力を上げるのでしょう。だから「雨にも負ける」のです。

「雨にも負ける」

雨にも負ける
風にも負ける
雪にも、夏の暑さにも負ける
へなへなの
ひ弱な身体をもち
欲深く
決して満たされず
いつもイライラ文句を言い

あらゆることを自分中心に考え、
努力せず
がまんできず
協力もせず
やる気なく、体力なく、
きつい、嫌だ、やりたくないを連発し
平成の日本の豊かな暮らしのなかで
自尊感情を教わり
自己肯定だとうぬぼれ
ゲームに溺れ、塾に追われ、
自然を知らず、集団で遊ばず
東に強そうな奴いれば、行ってあれこれへつらい
西に疲れた奴いれば、行ってあれこれいじめ
南に厳しい先生いれば、首になってもいいのかとうそぶき

北に非行の群れあれば、みんなでやれば怖くないとぬかし
日照りのときはゲーセンにたむろし、
寒さの夏は道ばたに座り
世間に自己中と呼ばれ
叱られもせず、
関わりもせず
こんな子どもに誰がした！

3―2「霊長類ヒト科の動物」から出発する

子どもの人生は、何も出来ない、何も分からないところから出発するのです。このような人間観に立てば、教育は基本的に「教え」・「育てる」という「他動詞」になります。子どもには、「為すべきこと」をあるいは教え、あるいは励まし、あるいは強制し、あるいは評価して「体得」させて行くのです。しつけは、生き方を枠にはめ、型にはめ、習慣化するところから始まります。人間は霊長類ヒト科の動物として出発しているから

です。ヒトは最初から人間として登場するのではない、と理解すれば、自ずと指導法が変わります。教育を論じることは畢竟人間を論じることになることに気付かざるを得ないのです。

じいちゃん：「活発なお子さんですね」は「わるがき」だ!!お前のことだ!!
孫：……。
じいちゃん：「おとなしいお子様ですね」もほめてねぇ!!
孫：だってぇ……。
じいちゃん：何が「だって」だ！「個性的」は変わりもんのアホって意味だ。怒れ!!お前程度でもオンリーワンか?
孫：分かったよぉ!!
じいちゃん：「分かったよぉ」は分かっちゃいねぇ!!!わかったか!!!
孫：分かりました!!

3—3　子育ては想定外だと言うけれど
——子育て風土と教育論のミスマッチ

戦後教育を受けた先生方やカウンセラーの皆さんには中々分かって頂けないことですが、子宝の風土だからこそ、先人たちは「可愛い子には旅」や「他人の飯」を勧めたのです。「半人前」の子どもは「世間の風」に当てて鍛えなければ「一人前」にならないからです。

古人が残した格言は「転んでも起こすな」、「子どもが遊ぶ坂道の小石まで拾うな」、「若いときの苦労は買ってでもさせよ」、「辛さに耐えて丈夫に育てよ」と言っています。「負荷」をかけて「鍛錬」せよと言っているのです。

格言に限らず、あらゆる「スローガン」は、「現実」と背反しています。「差別をなくそう」は「差別がある現実」を前提にしています。「酒酔い運転撲滅運動」は、「未だに酒を飲んで運転する無責任な人々がいる」ことを前提にしています。日本の保護者は、「可愛い子」を旅に出せなかったのです。それでも過去の日本人が立派に育ったのは、第3者の「守役」がついていたからです。「守役」は、「うば・めのと」と呼ばれ、「ご養育係」、「ご指南番」、「ご進講係」等と呼ばれました。寺子屋のお師匠様も、守役であり、明治5年の学制発布後は先生方も守役だったのです。

日本では、子どもは最初から家族の中心にいます。だから、保護者は、子どもを奉仕の対象として、必ず「宝」を守ろうとします。「子宝の風土」とは、「子ども第一主義の風土」という意味です。それゆえ、日本の家庭教育は避け難く「過保護」になります。だから「守役」にたのんで、子どもを「一人前」に鍛える教育伝統が生まれたのです。

わが子を「一人前」に鍛え上げて下さる先生だから、日本は先生を尊敬する国になったのです。「子宝」の風土を言うと、近年の児童虐待を「反証」に上げる人がいるかもしれません。しかし、児童虐待は子宝の風土の「例外」です。その多くは他人の子に対する暴力、あるいは孤立した核家族の中で、助言者を失って途方に暮れた親の「病的な行動」です。いささか「わが子主義」の視野狭窄に陥っていますが、子宝文化の主流は何も変わってはいないのです。「エンジェル係数」が高いのもその証拠の一つです。

一方、戦後に導入された欧米流の「児童中心主義の教育論」は、欧米の「大人中心の風土」を前提にしています。

それゆえ、欧米の「児童中心主義」教育論を日本の教育界に導入することは二重の過保護をまねく危険があるのです。学校が「鍛錬」を放棄したのも「児童中心主義」の影響が大きいことは言うまでもありません。

カウンセラー：今日のご相談は？

母：子どものわがままに手を焼いております。言うことを聞きません。あなたの言う通り、子どもに寄り添い、子どもの目線で育てましたが、我がまま勝手の度がすぎております。

カウンセラー：加減を間違ったのではないでしょうか？

母：「加減」って、どういう意味でしょう？「寄り添わなくても良い」ということもあるということですか？「子どもの目線で育てる」ことの加減とは、「子どもの目線にそわなくても良い」ということでしょうか？

カウンセラー：「加減」ですから、そういうことになります。常識です！

母：何が常識ですか！「子どもの欲求や感情を大事にしなさい」と言ったでしょう！拒否してもいいとは一度も言わなかったでしょう!!

カウンセラー：言わなくても「加減」は常識です。「おいしいですよ」とは言いますが、「加減して食べて下さい」とまでは言いません。

母：食べ物と子育てがおなじですか？食べ物の加減なら知っています。あなたはご存じなかったようですね！太り気味じゃないですか！失礼!!

カウンセラー：私は食べ物の加減で失敗して、あなたは子育て加減で失敗したということではないでしょうか？

母：冗談じゃありません。食べ物に教育と同じような専門の知識は要りません。食べ過ぎれば太ることぐらいのことは、子どもでも分かります。教育はそうじゃないでしょう！今更人を責められないことは分かっていますが、あなたはのいうことを守ってわがままな子どもが育ったのですよ！

カウンセラー：みんな望みを叶えたからです！

母：そんな言い草ってありますか！子どもの意志を尊重しろって言ったんですよ!!

カウンセラー：子どものわがままは誰のせいでしょうか？

母：駄目なものは駄目って言うべきでしょうかって聞いたでしょう。あなたは「子どもの権利が見えますか？」って言ったのよ!!ごまかさないで!!!

カウンセラー：いつ私がごまかしましたか？何ごとにも加減は常識です。

母：あなたは昔言ったのよ！子どもが分かるまで待ちなさい！子どもに無理矢理教えるな！子どもは別の人格です。しつけは時に抑圧です。のびのびが大事だと言っといて、わがままの責任は私にあるなんて！ひどいです!!

カウンセラー：子どもはあなたを見ています。お父上様のことも見ています。

母：主人が聞いたら怒ります。主人は厳しいしつけ論者！それを止めたのはあなたです。

カウンセラー：子どもの主体性を信じましょう。子のあこがれはあなたです。だから真似をするのです。子どもの学びは自律的です。

母：私の真似をしたって言うのですか!!

カウンセラー：「子は親の鏡」ですから……。

母：なんてことを言うんですか！あなたは何も分かっていないんです!!子どもが何と思おうと、駄目なものは駄目でしょう。昔の人のいう通り、「ならぬものはならぬもの」。いじめや非行はどうするの!?

カウンセラー：だから加減が大事なんです。

母：もういいわ！もうこれ以上何も云わないで！「分かってない」ことがよく分かりました。

カウンセラー：慌てない、慌てない！不良少年がすべて不良成人になる訳ではありません。皆さんどこも同じです。子どもは想定外のことが重なって大人になるのです。

母：無責任な人ほど「想定外」って言うのよ！手をかけて、褒めて育てて、抱きしめて、子どもの目線でやったのよ!!受容して、「非指示的」とか言ったでしょ！あんたの言うこと聞いたのよ！あんたはインチキ。教育詐欺よ！何も分かっちゃいないのよ。だから想定外なのよ。

3―4　家庭と学校が作り出す「病気」

近年「新型うつ病」などと呼ばれる「適応障害」の原因は、若者が世間に負けて、自分を守れない「心の弱さ」・「耐性の低さ」にあります。若い世代に特徴的です。もちろんその発端は、子育てや教育の問題であって、医者が言うような「脳の病気」でも、「心の病気」でもありません。

「心の危機」の原因は、現代の養育や教育が作りだす「過剰な自己愛」による挫折です。青少年の「自己愛」にも、「自己肯定」にも、鍛錬による実力の裏付けがありません。心の危機は、「鍛錬不足のうぬぼれ」が「現実に打ちのめされる現象」です。耐性が低ければ、挫折は大きなストレスをもたらします。挫折がもたらすストレスが身体に悪影響を及ぼした時、「心身症」と呼ばれ、精神のバランスを失わせるほどに悪化した時、新型うつの症状と呼ばれるのです。

「心の危機」は、「がまんする能力」と「欲求不満」のギャップ、が大きすぎることに起因します。

「オレはすごいんだ」と思い込んでいる人間に「がまんする力」も「実力」も伴っていなかったら、世間のもの笑いになって、どんなに傷つくことでしょう。このギャップはストレスの極みです。だから、心身症や新型うつ病になっても不思議はないのです。

現代教育は、かけ声ばかりで、「体験」も、「体得」も、「鍛錬」もないがしろにしています。一人前に育てるためには、様々な体験が不可欠です。人生にとって重要な体験は「核体験」と呼ばれます。そして人生の核になる体験が欠けることを「欠損体験」と言います。現代教育は、子どもの意志を優先するので、彼らを鍛える各種体験のバランスが欠けがちになるのです。

現代教育は、小さな「成功体験」だけを与え続け、「君は個性的」で、「かけがえのない存在」なのだ、と持ち上げ、「自尊感情」や「自己肯定感」を教え続けて来ました。「自尊感情」とは、「自分を愛する」ことです。また、「自己肯定」は、「今のままの自分でいい」と自分に言い聞かせることです。未熟な子どもが自分の能力や特性を過信するのは当り前です。「今のままの自分でいい」なら、教育なんか要らないじゃないですか!!

じいちゃん：お前また仕事辞めたんか？
義男：うん。僕に合わないんだ！
じいちゃん：何が合わんのか？
義男：気持ちだよ。感性っていうか、個性っていうか……。
じいちゃん：父ちゃんも、母ちゃんもがっかりしてるだろう？
義男：父ちゃんは口きいてくれん!!母ちゃんは自分が納得することが大事だって。
じいちゃん：おまえに合うような仕事があると思うか？
義男：必ずあるって、先生も、母ちゃんも。じいちゃんはどう思う。

じいちゃん：わしはそうは思わねぇ！わしには感性とか、個性ってやつが分からねぇ。何だそいつは？
義男：「ぼくらしい」、ってことだって。
じいちゃん：だから、その「ぼくらしい」っちゃどういうことだって？
義男：他の人と違う僕だけの特徴だって。
じいちゃん：顔・形以外にお前にそんなもんあんのか？
義男：人間はひとり一人ユニークな、世界に一つだけの花なんだって。
じいちゃん：本気で世界に一つだけの花だと思ってんのか？お前にそっくりなうぬぼれのへなへなは世間に山ほどいるぜ！ユニークになるかならんかはこれからの生き方じゃねぇのか？
義男：どういう意味よ!!
じいちゃん：お前にぴったりの仕事なんぞ、世間にはねぇ!!おめえが仕事に自分を合わせてがんばるんだ。
義男：自分に合わなくてもがまんしろってこと？
じいちゃん：あたりめぇだ!!みんなそうして生きてんだ！お前の父ちゃんがどんなにがまんしてっか、わかってんのか!!

3―5　総論賛成、各論判断せず！

人権は「生存権」、「自由意志」など、理念的で、抽象的で、総合的な概念です。だから、誰でも、一般論としては、「他者の人権」も、「自分の人権」も大事にしなさいと言うことはできます。「権利」と「義務」のバランスが大事です、ということもできます。現代の学校も、一般論を教えることはできます。ところが、「人権問題」は、常に、生活の中の具体的問題として発生します。

例えば、世間の現実状況の中で、「他者の人権」と「自分の人権」が対立した時はどうなるでしょうか？お互いが自分の「権利」を主張して、譲らなければ争いになります。また、時には、「自分の権利」と「社会的義務」も衝突します。教育現場では、先生方の「教育上の意志」と「学習者の欲求や好き嫌い」も衝突します。

現実状況の中で、発生した具体的問題が「人権問題」であると叫ばれた場合、教育界には、社会的に承認された「人権」を「裁定」する任務も権限も与えられていません。それゆえ、衝突や対立は、必ず、関係者間の揉め事を引き起します。「人権」は、「正義」

教員同士であるが故に、立場が異なれば、解釈が多義的で、暴走する理念となります。教員同士でも意見が分かれ、保護者と教員も意見が分かれます。教員を尊敬していなければ、対立する生徒たちは、「自分たちの人権」が侵された、と騒ぎ、反抗して「荒れ」ます。

実生活上の対立状況に「人権」を持ち出す事は、「人間の尊厳」を侵すことが問題になるということですから、「大事件」になります。教育現場で、お互いが人権を振りかざせば、当事者間の対立に、「正しい」・「皆が納得できる」調停など不可能になります。事と次第では、訴訟が起こり、「司法判断」に委ねることになります。その「司法判断」ですらも「人権」を主張する者を納得させることができないことは、世間にままあることです。それゆえ、そうした面倒に関わらないためには、学校も教員も、一般論としての「人権」を丸呑みするしかありません。「丸呑み」するとは、総論賛成で、各論は、「判断しない」ということです。換言すれば、「子どもの意志」を丸呑みし、人権の議論はしないという事です。

担任：わたくしの学級運営ではひとり一人の「人権」を大事にするよう指導しています。

モンスター：このまえ、うちの子が騒いで校長室へ行かされたと聞きましたが、それって授業を受ける権利を奪ったってことじゃないですか!?
担任：あの時は他のお子さんの授業を妨害する結果になったので、校長先生にお願いいたしました。
モンスター：だからぁ、全部の「人権」を大事にしてるんじゃないんでしょう!!使い分けしてんでしょ？
担任：いいえ、人権は誰にでも平等です。
モンスター：だからぁ、授業を受ける権利を優先してんでしょ、って言ってんの!!!
担任：ここは学校ですから、当然のことです。
モンスター：はっきりいうわね！じゃぁ、この前の可哀想ないじめ、誰だか犯人分かったの？
担任：いいえ、まだはっきりとは……。
モンスター：子どもは知ってんのよ!!何で全員を調べないの？自殺未遂よ!!遺書まであったのよ!!
担任：調べるって言っても、子どもにも人権がありますから……。
モンスター：先生！いじめられた子どもはどうなるの？人権侵害じゃないの!?
担任：誠に残念で辛いことです!!校長先生以下、教師全員胸を痛めています。
モンスター：だからぁ、胸が痛いんだったら、子ども全員を調べたら！うちの子なんかも知ってんのよ!!
担任：学校が調べるっていうことはどうも……。
モンスター：何がどうもよ？加害者の人権に配慮するってこと？
担任：どの子にも人権はあるっていうことです。
モンスター：だからぁ、被害者の人権と加害者の人権はどっちが大事なのって聞いてんの？あなた、「騒ぐ子の人権」より「授業を受けようとする子の人権」を優先させるんでしょ！
担任：ここは学校ですから……。
モンスター：だからぁ、人権の使い分けは、学校が決めてんのね？
担任：学校は学ぶところですから……。
モンスター：だからぁ、学校は、被害者の人権と加害者の人権はどっちが大事だって聞いてんの？
担任：人権は万人に平等です！
モンスター：あんた、本当に先生？

3―6「みんな違ってみんないい」
――君だけ違っていいはずない！

安易な個性主義の毒

教育における安易な個性主義は日本の教育を軟弱にし、日本の若者を自己過信に陥らせました。幼少期から「君はかけがえがない」と刷り込まれれば、鍛錬の裏付けのない過剰な「自己愛」が育って、少年を毒します。まして、学校教育が小学校から、裏付けのない自尊感情と自己肯定だけを教えれば、少年はうぬぼれと自己満足に転落します。それゆえ、少年に自らの未熟さを自覚する意識は育ちません。自己否定を忘れた少年は現状に満足して、努力を忘れます。そうなれば、進歩・向上も止まり、実力はつきません。実力のない青年は、当然、世間に潰されます。

人気の金子みすゞを教育に持ち込めば、「みんな違ってみんないい」となって、個性と自侭を混同します。未熟な自分も肯定します。だから自分は悪くない、悪いのは世間の方だと考えます。登校拒否も出社拒否も、新型うつ病もひきこもりも、裏付けのない過剰な自己愛がもたらす社会的不適応です。
　共同生活のルールは基本的に「みんな一緒」です。「法の前の平等」ですから、「ルールの前の例外」は認められません。だから「君だけ違っていい」ことにはなりません。もちろん、みんな一緒は共同主義で、全体主義ではありません。

担任：諸君は金子みすゞという若くしてなくなった山口県の詩人を知っていますか？
生徒：はーい。
担任：金子みすゞが歌っています。
「昼のお星は目に見えぬ
夜が来るまで沈んでる
見えぬけれどもあるんだよ
見えぬものでもあるんだよ」
諸君の個性も同じです
見えぬけれどもあるんです

生徒Ａ：星は夜になれば見えるけれど、僕らの個性はいつ見えるんですか？
担任：僕にははっきりと見えます。
生徒Ｂ：父さんはもっと生きてから言えって言ってます。
生徒Ｃ：じいちゃんはお前に個性なんぞないって。おめぇみてぇなやつなら山ほどいるって‼
担任：たとえ世間が認めなくても、諸君は「世界に一つの花」なのです。
生徒Ｄ：先生も同じですか？
担任：同じでありたいと思っています。
生徒Ａ：先生の個性って何ですか？
担任：未だ自分ではよく分かりません。
生徒Ａ：それなのに何で僕の個性が見えるんですか？
担任：君はみんなと違うじゃない！
生徒Ｂ：「世界に一つの毒の花」だ。
生徒Ａ：うるせぇ‼
生徒Ｂ：だから、もっと生きて、「毒気」が抜けてから言えって言うんじゃない？

生徒A：ガタガタ言うな！
担任：みすゞさんは「みんな違ってみんないい」とも言っています。
生徒C：「毒の花」が良いわけないじゃん!!
生徒A：なんだよ、このやろう!!
生徒D：ぼくらは違ってるとこより、似てるとこの方が多いよ。先生みたいな調子いい先生も一杯いるよ!!
担任：僕は真面目に言ってるんですよ！
生徒D：余計ヤバいんじゃない!!
生徒C：テレビのおじさんは、人間の個性なんて死ぬまで分かるかって言ってたよ。
生徒C：吉田がユニークなら、オレは絶滅危惧種だ!!
生徒A：おめぇは突然変異だ!!先生の方が絶滅危惧種だ!!
生徒C：オレが突然変異なら、おめえは鳥インフルだ！
生徒A：どういうことだよぉ〜？
生徒C：触ると感染するんだ!!!ユニークだろ!!

生徒B：見えないものでもあるんだよ!!!
担任：良い質問で、充実した議論でした！
生徒A、B、C、D：どこが!!?

3—7　幼少期の礼節と規範

教育学は子どもの教育条件を「白紙（タブラ・ラーサ）」と呼びました。経験や教育によって、「白紙」は知識や規範で埋められて行きます。幼少期の経験や教育が大事なのは、それが子どもの人生の方向を決定するからです。「三つ子の魂百まで」と言われました。「鉄は熱いうちに打て」、とも言われました。

これらは人類の長い体験に基づいた子育ての経験則です。最初の教育を間違えると、その修正は2重の手間がかかります。最初に習い覚えたことを打ち消して、その上で新しい教育を施さなければならないからです。「打ち消し」は、「学習の解除」ですから、英語で unlearning といいます。それゆえ、教育学では、「変革」は「形成」より「困難」であると言います。差別や偏見の払拭が難しいのも幼少期に刷り込まれたものを、一度否定した上で、再教育し直すことが困難だからです。家庭でのしつけと教育が重要なのはそのためです。

しかし、戦後日本は、世間の教育観が混乱し、幼少期のしつけと教育が衰退していま す。「早寝、早起き、朝ご飯」というスローガンは、しつけの崩壊の象徴です。基本的生活習慣の訓練ができていないということです。基本的生活習慣が確立されていないということは、当然、言語も、礼節も、社会規範も教育ができていないということです。

しかも、教育行政は、「家庭との連携」の美辞麗句を叫んで、「改正教育基本法」にまで入れました。それゆえ、学校は、欧米流の「児童中心主義」思想に振り回され、モンスター・ペアレンツに振り回され、断固たる社会的しつけに尻込みしています。家庭でも、学校でも社会規範を教えない教育は、この国の未来に教育公害の種をばらまいているのです。

母：義男、花子‼お父さんがお食事だからね。テレビの音小さくして！

父：ふたりとも楽しそうでないか！何よりだ‼

母：しかし、音がうるさくて、こちらは話も出来ませんよ！今日も一日ご苦労様でした。
父：係に新人が配属されてな、私がいろいろ教えることになった。
母：誰が来たんですって？義男、テレビの音を下げなさい!!!何度言ったらわかるの！
義男：は〜い！
花子：きゃ〜、あれ見て！なによ、あれ！
義男：すげぇ〜!!
花子：ありえねぇ〜!!!
母：花子！いい加減にしなさい！
父：いま叫んだのは、花子か？
母：そうですよ、あれで女の子ですからね。あり得ない話です。何度叱っても、流行ってんのよ、の一点張りなんですよ！あなたからも言ってやって下さい。
父：花子！かあさんのいうことをちゃんと聞け!!
花子：へーい!!
母：あれですからね!!

父：実は今日、オレんところへ配属された新人も同じことを叫んだのだ！
母：どういうことですか？
父：会社の仕事を説明してやって、お前の担当はこれとこれだ、って言ったんだ。そしたら、「マジっすか！ありえねぇ～!!」ときた。
母：まあ、何と不真面目！
父：だろう!!だから、ちゃんと聞いてんのか、って叱ったよ！
母：当然ですわ！最初のしつけが肝心です。
父：花子だって同じだろ!!そしたらあいつはせせら笑ってぬかした。「冗談ですよ、冗談!!!こまっちゃうな!!」って。
母：まあ！
父：それだけじゃねえんだ！「冗談が通じねぇおじさんが上司だなんてありえねぇ!!!」ともう一回叫んだのだ。叩いてやりたいよ!!
母：なんてことでしょ!!新人も娘もほんとに「ありえねぇ!!」ですね。

3―8　良きも悪しきも主体性

現代の学校教育は「主体性」と「個性」を強調しています。当然、保護者も学校に引きずられています。「自尊感情」や「自己肯定感」にこだわるのも、同じ発想から来ていますが、どちらにも困難に耐えて達成した困難体験の裏付けが欠けがちです。

主体性教育論などと言うと大げさに聞こえますが、中身は、要するに、子どもの「意志」と「欲求」を大事にしようというだけのことです。また個性教育論も思想的にはいろいろ難しいことを言いますが、学校教育が言っているのは、子どもの「個人差」を大事にしようということに過ぎません。主体性も個性も一人一人が違うのは当たり前の事ですが、教育論にはめ込んで、いまだ発展途上にある未熟な子どもの主体性と個性を尊重せよという事は諸刃の剣になります。子どもの主体性を水戸黄門の印籠のように前面に出せば、喫煙も飲酒も、ドラッグも暴走も、万引きも援助交際も止められないでしょう。

それゆえ、昔から子どもは「半人前」というのです。教育上の子どもの意志は、それぞれの場面で関わる大人たちが「半分だけ」尊重すれば足りるのです。「残りの半分」は、世の中の慣習と掟を、型通りに、他律によって教えればいいのです。規範が身に付いていないのも、青少年の心身がへなへななのも、子どもの意志を教育の中心に置いて、甘やかし、未熟な彼らの主体性と個性に振りまわされているからです。

青少年育成会会長：最近荒れてますね！学校の指導はどうなってるんですか？生徒の暴走が目に余ります！
渉外担当教頭先生：色々ご苦労をおかけしております。
会長：あいつら、指導すると「主体性」だと言うんですよ。どういうことですか？
教頭：主体性をはき違えているんです。
会長：じゃあ、主体性を大事にしろって教えてるんですね。
教頭：はい！主体性と個性は、人権概念を構成する重要な要因なものですから……。
会長：昔から子どもは「半人前」って言うんですよ！彼らに主体性なんて吹き込んでいいんですかね!!?
教頭：「子どもの権利条例」も出来たことですから……。

会長：ルールに違反し、義務も守らない奴に何で権利を認めるんですか？
教頭：人権が先だと言う意見が大勢でして……。
会長：自己肯定も教えているそうですね!!ドラッグも暴走も主体性ですか？それも自己肯定してるんですか？一体、学校は何を考えているんですか？
教頭：そうおっしゃられると誠に困るんですが……。
会長：困っているのは保護者や町の方ですよ。万引きは自己責任で、援交は主体性だとほざいてるんですよ。この前など夜遊びの女学生を注意したら、スケベオヤジが山といて援助交際待ってんだ、何なら遊んでやってもいいぞ、って。信じられますか？
教頭：面目ありません!!
会長：あなた夜回りして見ますか!?社会的な規則違反を学校が対処できないんなら、警察に頼めば良いじゃないですか？
教頭：申し訳ありません。この町に住んでいないものですから……。
会長：夜回りしろって言ってるんじゃないですよ！非行少年を作っておいて夜回りしたって遅いって言ってるんです!!

教頭：ごもっともです!!
会長：あの連中は「自己責任でやってるんだ」と言うんです。「お前の人生じゃなかろう」と!!学校こそ主体的に自己責任を取るべきですよ!!
教頭：家庭と連携して対処する方針を決めました
会長：それは文科省が言ってることでしょう。出来るわけないじゃないですか!!彼らは家庭と学校の産物なんですよ！せめて給料をもらっているあなた方から始めてはどうですか!!

3―9　それでも肯定できますか？
――戦後教育とは何だったか？

戦後教育の特性

戦後教育の最大の特徴は、戦前の教育を「全否定」したことです。否定の結果導入されたものが欧米流の「児童中心主義思想」です。しかし、それは「大人中心」の欧米社会を前提とした教育論ですから、欧米社会に取って正しくても、万葉の時代から「子ども中心」であった日本社会には全く適さないものでした。「子宝」の風土に、屋上屋を重ねて、「児童が中心」であるという思想を導入すれば、子どもの意志に反することはできなくなり、規範のしつけは野放しになります。鍛錬の崩壊はここから始まったのです。

平成に入って戦後教育はますます迷妄の度を深めました。平成教育のスローガンは、「主体性」、「自律」、「個性」、「自己肯定」、「自尊感情」、「受容」、「支援」、「連携」となりました。これらを束ねたのが「人権教育」です。「世界に一つだけの花」、「みんな違ってみんないい」などが好まれて引用されました。

しかし、結果的に平成教育が生み出したものは「早寝、早起き、朝ご飯」、「小一プロブレム」、「中一プロブレム」、「子どもの権利条例」、「自己中」、「虐待」、「荒れた学校（学級）」、「授業崩壊」、「指示待ち」、「ニート」、「いじめ」、「援助交際」、「万引き、かつあげ、暴走」など「過保護」・「過干渉」・「無鍛錬」が生み出した「教育公害」です。

したがって、戦後教育・平成教育が嫌ったものは「鍛錬」、「指導」、「集団行動」、「他律」、「評価」、「義務」、「一斉」、「ルール」、「加害者の処罰」、「自己否定」、「国家」、「半人前」などの概念でした。結果的に、日本社会が失ったものは、「体力」、「耐性」、「礼節」、「修行」、「規範」、「卑怯を憎む心」、「義侠心」、「社会貢献」、「結果責任」、「自己否定」と「向上心」でした。

人権・個性・主体性
先生方は言うけれど
何も出来ない半人前
それでも肯定できますか⁉
肉食系は暴力沙汰で、
いじめ、万引き、教師を脅し、
かつあげ、援交、世間を脅す
それでも肯定できますか？
人権・個性・主体性
みんなちがってみんないい⁉
人の人権より、オレの人権

ルールを無視する主体性
規範に背く個性なら
「否定する」のがいいんじゃない!?

3―10　遺書現れて驚かれぬる

――平成教育の本歌取り

春過ぎて夏来にけらし　1年生
部屋に入らず　教師入院
（春過ぎて 夏来にけらし 白妙の 衣ほすてふ 天の香具山――持統天皇）
正常化言いしばかりに
長月の授業再開待ちわびるかな
（今来むと言いしばかりに長月の有明の月を待ち出ずるかな――素性《そせい》法師）
正常化行く手の道はとおけれど

未だ文書《ふみ》は来ず行政指導
（大江山いくのの道は遠ければ　まだふみもみず　天橋立――小式部内侍）
文科省あれこれ言うを吹き閉じよ
地方の姿しばし留めん
（天津風雲の通路ふきとじよ乙女の姿しばしとどめむ――僧正遍正）
為せば成る早寝早起き朝ご飯
ならぬは親の為さぬなりけり
（為せば成る為さねばならぬ何ごとも、成らぬは人の為さぬなりけり――上杉鷹山）
しのぶれど色に出にけり
わがいじめものや思うと親の問うまで
（しのぶれど色に出にけりわが恋はものや思うと人の問うまで――平兼盛）
いじめっ子目にはさやかに見えねども
遺書現れて驚かれぬる
（秋来ぬと目にはさやかにみえねども風の音にぞ驚かれぬる――藤原敏行）

こころなき学校は知らず哀れなり
被害者死んで秋の夕暮れ
（心なき身にもあはれは知られけり 鴫立つ沢の秋の夕暮れ――西行）
組合も保護者も聞かず
生徒荒れ 連携・協力・主体性とわ
（千早ぶる神代もきかず竜田川からくれないに水くぐるとわ――在原業平）
万引きも、援交、いじめ
何せむにまされる騒ぎ教師体罰
（銀も、黄金も、玉もなにせむに勝れる宝子にしかめやも――山上憶良）
親が皆教師より偉く見ゆる日よ
花を買い来て職員会議
（友が皆吾より偉く見ゆる日よ花を買い来て妻と親しむ――啄木）
行く秋や大和の国の学校に
M教員とモンスターの雲

（行く秋や大和の国の薬師寺の塔の上なるひとひらの雲――佐佐木信綱）
教室の窓叩き割り先公に
すごんで寝に行く保健室かな
（教室の窓より逃げてただ一人彼の城跡に寝に行きしかな――啄木）
校長の弁明なつかし集会の
人ごみの中にそを聞きに行く
（故郷のなまりなつかし停車場の人ごみの中にそを聞きに行く――啄木）
たわむれに下級生殴りそのあまり
弱さに泣けて３度殴れず
（戯れに母を背負いてそのあまり軽きに泣きて三歩歩まず――啄木）
学校は移りにけりな、いたずらに
じじ、ばば、ＰＴＡ会議に呼ぶまで
（花の色は移りにけりないたずらに我が身世にふる長雨せしまに――小野小町）
そんならば首が惜しくはないのかと

生徒に凄まれ黙りしこゝろ
（そんならば命が惜しくないのかと医者に言われて黙りしこゝろ——啄木）
頼めども、叫べども、なおわが教室
静かにならずそっと職員室に帰る
（はたらけどはたらけどなおわが暮らし楽にならざりじっと手を見る——啄木）

3—11 「いい加減」は「良い加減」

——発達の2大要因

一卵性双生児の研究から発達の2大要因は、「遺伝」と「環境」であることが分かっています。遺伝的要素の決定力については「瓜の蔓に茄子はならぬ」と理解されています。逆に、環境的要素の決定力については「孟母三遷」や「朱に交われば赤くなる」として知られています。それゆえ、「鳶が鷹を生む」ような現象も起これば、「栴檀は双葉より芳し」のような現象も起こります。世間は複雑ですから、「十で神童、十五で秀才、二十歳過ぎればただの人」ということも十分知っています。どちらかの要素を過大に評価すると、子育てのさじ加減を間違え、現代教育のようなとんちんかんが生まれます。

ばば：嫁は孫に期待をかけ過ぎとるのじゃ。あれじゃ孫はたまらん！
じじ：身の程知らない倅も同罪じゃ。昔のお前もそうじゃった。
ばば：そんなことありませんよ。
じじ：都合の悪いことは忘れたいもんじゃ。
ばば：健太は立派になったでしょう！
じじ：オレが手抜きをしたからだ!!
ばば：都合のいいことだわね。
じじ：あの子は尻ばかり追われて、子ども時代に十分遊んどらん。あんたがたは、塾へ行かせたって、英語を習わせたって、「瓜の蔓に茄子はならぬ」ちゅうことが分かっとらん。
ばば：多美さんも自分を見りゃ分かろうにのう。
じじ：わしはあんたを見て悟ったもんよ。
ばば：何を言わっしゃる！わたしゃ鳶の種で鷹を生んだつもりだがのう。

じじ：多美さんも多美さん、お前もお前だ。期待過剰は女達の文化的ＤＮＡじゃ。
ばば：なんのことじゃ？
じじ：倅がいい学校出たぐらいで鷹になれりゃ世話はねえ！倅が鷹なら世の中鷹だらけじゃ！
ばば：なんもせんかったもんがよく言うよ！
じじ：なんもせんかったからまともに育ったのよ！子どもは人様に預けておけばいいってことだ！いい加減が良い加減だ!!
ばば：勝手な理屈だね！
じじ：勝手な理屈じゃねえ！可愛い子は、「旅に出して」、「他人の飯を喰わせろ」ってのは、日本国の理屈だ!!

3—12　教育はさじ加減だよ、ほどほどだ！

教育の基本はバランスとさじ加減です。それゆえ、医者や健康維持の発想に重なります。運動も、休養も、食育も、ストレス・マネジメントもバランス良く組み合わせることが養生の基本です。

昔から「よく遊び、よく学べ」といい、「文武両道」と言いました。褒めることも叱ることもバランスです。それゆえ「可愛くば、5つ教えて3つ褒め、2つ叱って良き人と為せ」などと言われて来ました。教え込むことと、本人が学ぶこともバランスです。全部教えることがあり得ないように、全部本人だけで学ぶということもあり得ないでしょう。さじ加減は「ほどほど」という意味で、ハンドルに「あそび」があるようなものです。おそらく、教育におけるさじ加減の知恵は、人生におけるほどほどの知恵から来ているものと思われます。人間社会には、人生はほどほどがいいという長い歴史の経験則があるのです。「天才」や「極悪人」のように能力や性格の偏った人間もいますが、彼らはほんの一部で、大部分の人々はバランスが取れた程々が良いのです。だから「気はやさしくて力持ち」、という期待になるのでしょう。

平成小学校

平和で！成功！

平和で！成功！

平成小学校

世間をちゃぷちゃぷかきわけて（ちゃぷちゃぷちゃぷ）
歴史をすいすいすい投げ捨てて（すいすいすい）
僕らの学校どこへ行く
子どもを鍛えずどこへ行く（ううううー　ううううー）
長い歴史のどこかでは
いつかはきっとぼろがでる
いじめは今も止まらない
新型うつ病止まらない
かつあげ、援交止まらない
それでも自尊だ！自己肯定だ！
主体性だろ！個性だろ!!
進めぇ!!!
しっかり教えろ

しっかり鍛えろ
ちっとは我慢だ

3―13「型」より入りて、「型」よりいでよ

言葉表現の基本は「文型」です。挨拶や礼儀作法は円滑な人間関係の「基本型」です。子どもには人生の「型」から教えます。「型」は「答」が決まっているから「型」なのです。「型」の指導は、原則として、子どもに考えることを要求はしません。未だ発展途上にあって、「思考」の基本条件を備えていない子どもに人生の基本となる「考え」や「判断」を要求することは、無理であり、教育的に「非効率」だからです。まして、生き方の「答」の大部分は子どもが生まれる前から決まっているのです。簡単にいえば、「型」の指導とは、「モデル」の模倣を奨励する事です。それゆえ、英語ではモデリングといいます。「手本」を提示し、先人の行なった通りにやれ、と教えることです。生活の規範でいえば、「弱いものは虐めるな」、「人のものはだまって取るな」、「先生のいうことは良く聞きなさい」という類いです。これらの規範については子どもの意見は聞かず、議論も許しま

せん。会津藩が残した通り「ならぬものはならぬもの」なのです。したがって、指導方針を決めるにあたって、子どもの自主性も主体性も尊重する必要はありません。子どもの自主性や主体性が出て来るとすれば、「弱いものを労り、思いやる」という「行動の枠」の中で、「君だったらどうする!?」と聞けばいいのです。かつて世阿弥は、「型」より入りて、しかるのちに「型」よりいでよ、と説きました。教育者はその教えを「守破離」と翻訳しました。初めは、先人の教えの通りにし、次に、自分の考えで「型」を破ってみて、最後に、自分の「型」を作り出して自立するということです。

基本動作や基本表現や基本発想を正確に体得したあとでは、自分の思ったように自由に、柔軟に工夫して見よ、という意味です。基本型が身に付いたあとで、「お前の思ったように試してみたら……。」という呼びかけがあれば、自然にその応用を工夫するようになります。「型」を教えながら、「型通り」で済ませてはいかん、と説いています。そこにこそ教育のバランスがあり、子どもの自立や自主性があり、指導のさじ加減があるのです。

校長：2学期を始めるにあたり、保護者の皆様に本校の教育方針をご説明申し上げます。本校は「人権教育モデル校」として、ひとり一人の児童の個性と主体性を大事にしております。
モンスター：だったら何で「いじめ」があるんだよ！
校長：教職員は一丸となって児童の自律と主体性を育てるべく、指導に当たっております。
モンスター：主体的にいじめてるってことか!!
校長：決してそうではありません。ひとり一人の個性や人権の尊さを教えるため、児童の自尊感情や自己肯定感を育てるよう最善の努力を払って参りました。
モンスター：援交もかつあげも主体的にやってるって意味かよぉ!!
校長：アンケート調査の結果80％を超える生徒が「今の自分」を肯定できていることが分かり、大いに喜ばしいことと考えております。
モンスター：今のままでいいんなら、教育なんて要らねぇんじゃないの!!
校長：自尊感情についても本校生徒は高い数値が出ております。
モンスター：この前自殺した子も自己肯定してたのかね？
校長：夏休み中の調査の結果、亡くなったお子さんの遺書に書かれたような事実はなく、前回の不幸な事故といじめとは因果関係がないと言う結論も出ました。本校の教育環境は極めて正常です。
モンスター：加害者の人権だけ守りゃそうなるさ!!要は、死んだ子どもの人権より、生きている加害者の人権ということだろ!!
保護者：（まばらな拍手!!）
モンスター：彼が死んだ理由は何なんだよ?
校長：不幸な事件は忘れて前へ進もうではありませんか！
保護者：（おおきな拍手!!!）
モンスター：オレの人権、他者の人権、秤にかければ、オレの人権
いじめっ子の保護者：死者の人権、生きてる奴の人権、秤にかければ生きてる奴の人権

3―14　誰も代わりには生きられない

教育にとって一番の困難点は人間の「個体性」です。存在の「個体性」とは誰も代わりには生きられないということです。すなわち、痛みも、悲しみも、喜びも、満足も、誰も他者とは代われない、ということです。存在を分断された個体が喜怒哀楽を共有し

あうことはまず不可能です。世界中至る所で人が弾圧されていても、飢え死にしていても私たちは平気で生きているではないですか？人権学習や平和学習の流行のまっただ中で子どものいじめもまた止まらないではないですか！日本人の知恵はこのことを一言で言い表しました。「人の痛いのなら3年でも辛抱できる」という言啰がそれです。

他者の身になって、それぞれの認識や心理的な距離を小さくするためには少なくとも似たような体験を経る以外に方法がないのです。「我が身つねって人の痛さを知る」です。

ここに「体得」の重要性があります。「身にしみた」という後悔も，「腑に落ちた」と納得することも，「身に付いた」という自信も、脳を通した言語上の理解を超えています。「理解」すると言うよりは「体得」すると言った方が正確でしょう。「身体に教える」という言い方や「身をもって知る」という言い方は「体験体得」した、と言い換えていいでしょう。

じいちゃん：お宅の息子さんは最近いかがですかな？

吉田君の母：哲学をするとか、自分を捜すとか毎日難しいことを言っています。わが子ながら人生の探究心を見直しております。
じいちゃん：ふん！ただのフリーターじゃねぇか!!
（後日）
じいちゃん：おめぇのおふくろは褒めてたが、人生の探求って何やってんだ？
吉田君：青春は2度とないんです！好きにやらせて下さい!!
じいちゃん：老春も2度とねぇんだよ!!!
吉田君：今だったら何でもやれそうな気がするんです。
じいちゃん：何をやりてぇんだ？
吉田君：世界平和への貢献です!!
じいちゃん：どうやって？
吉田君：それを探すんです!!
じいちゃん：止めとけ！おめぇんちの平和だって難しいんだ!!!

3―15「教育の時差」

福岡県豊津町の寺子屋で子ども達に「雨にも負けず」を暗唱させた時、1年生になぜそんな明治期の難しい資料をあたえるのですか、と質問がありました。「いつか役に立ちます」。「日本人の共通教養だからです」、「子どもたちの頭の柔軟性を分かって頂きたい」などとお答えしました。水原秋桜子さんが選をした「俳句いろはカルタ」を導入した時は、「あそび」の道具だ、と思われたからでしょうか。どなたからも文句は出ませんでした。「降る雪や明治は遠くなりにけり（中村草田男）」や「曼珠沙華抱くほどとれど母恋し（中村汀女）」などは小学生の理解を超えていたでしょう。しかし、誰も何も言わなかったのです。

子ども時代は良く意味の分からないものでも覚えてしまうのです。日本語の文型として覚えているだけかも知れません。しかし、覚えてさえいれば、意味は後から分かって来るのです。それが素読や朗唱に特徴的な「教育の時差」です。後になって「覚えておけば良かった」と思う時では、もう遅いのです。山口市の「井関にこにこクラブ」という学童保育では、論語カルタを導入して、子どもたちは論語百句を暗唱してしまいました。「三つ子の魂」は存在します。幼児期の習慣付けも必ず本人の将来に影響します。それゆえ、保護者や教師による子ども時代の価値の選択は重大です。

朗唱は今や川島隆太教授（東北大学）の大脳生理学の研究を経てその効用が科学的に認められました。「詰め込み」だの、「個性を忘却した反動」であるという批判も影を潜めるようになりました。筆者は「俳句いろはカルタ」や「論語カルタ」を暗唱してしまった子ども達の未来の幸福を疑いません。朗唱に限りません。子ども時代のあらゆる鍛錬は、子どもの未来を裏切りません。その鍛錬を捨て去った現代教育の行く末が案じられます。

孫：おじいちゃん、こんにちは！

じいちゃん：ほう！大きくなったな！何年ぶりだ？

孫：5年ぐらい来ていないかな。

じいちゃん：まあ、いい。中学校はどうか？良く来た。上がれ。それで今日は何か用か？

孫：用じゃないよ。おじいちゃんに会いに来たんだよ。
じいちゃん：ほう！どうした風の吹き回しだ？
孫：むかし、おじいちゃんが書いたものを読んだんだ。
じいちゃん：何のこっちゃ？
孫：「へなへなやろう」、だよ。
じいちゃん：あれか！それで？
孫：あれはオレのことだと分かった。
じいちゃん：お前のことじゃない！「へなへな」を育てているお前の両親のことだ！
孫：うん。分かってる。それで怒って僕をここへ寄越さなかったんだ。でも結果的に、僕はへなへなになった！
じいちゃん：ほう！そこまで考えたか！それで？
孫：夏休みはここにいていいですか？
じいちゃん：そりゃ構わんが、ちゃんと働けよ。両親のことも自分で決着をつけろよ！
孫：分かりました。

じいちゃん：茶を入れてやるが、「へなへなやろう」で何が分かったんか？
孫：「他人の飯」です。
じいちゃん：へぇ！だけどオレはおまえの「他人」じゃねぇぞ！
孫：でも、おじいちゃんは「孫可愛がるより、犬可愛がる」なんでしょ!!
じいちゃん：それが承知ならいつまでいてもいいぞ!!そのうち犬より可愛くなるだろう!!
孫：そうなの？
じいちゃん：オレも人の子だ。そういうもんだ！だけど厳しくすることは妥協なしだぞ!!!
孫：「若いときの苦労は買ってでも！」です!!
じいちゃん：良かろう！良く来た!!思ったことは書いておくもんだな！
孫：「教育の時差」って書いてあったよ！僕がその時差です。
じいちゃん：お前も人間の時差に辛うじて間に合ったってことだ。オレももう長くはねぇ!!二人とも時差ぼけにならぬよう頑張るか！

あとがき

「教育メッセージ」と「笑い」を融合するということがどういうことか分からないまま試行錯誤をしてみました。「吾ときて遊べや援交女学生」と一茶の本句取りを書いたら、友人から品格を落とすなと顰蹙を買いました。

横文字の「新語」を羅列して訳の分からないラップを作ったのが実験の始まりでした。多くの高齢者は「終活」に注目しています。「散り際」を美しくしたいと考えていますが、現実は、「老衰」、「老残」、「老朽」、「老獪」、「老耄」、「老害」、「老骨」等に代表される老人の課題に苦しんでいます。笑いのネタはさまざまな研究と実践例が提供してくれました。

また、多くの女性は、タテマエばかりの男女共同参画に怒っています。それでも、未だはっきりと自分たちの要求を口に出すことはありません。日本の女は「度胸がない」か、あるいは「控えめで、慎み深い」のか、どちらかなのでしょう。男女雇用均等法や男女共同参画社会基本法が出来た今日でも、未だに世界の100位以下にしかランク付けされないということは、「変わりたくない男」が邪魔をしているからです。しかしさすがに、「少子化」のボディブローは効いて来ましたね!!鈍い男たちが牛耳る政治と行政にも、女性の無言の怒りは届きました。もの言わぬ日本女性は、大局的に、少子化で世の中に復讐を遂げています。女性の怒りの恐ろしさの分からない農村は嫁不足によって後継者は絶え果て、日本農業は絶滅危惧種にまで追いこまれて息絶え絶えです。また、女性の怒りは、次世代の生産人口を産まぬことで、高齢社会の国家財政を破綻に追い込んでいます。

最近になって、ようやく男主導の知事会が「少子化非常事態宣言」を出したところですが、ざまあみろ、と思っていることでしょう。しかし、日常生活では、女性は、慎み深いのか、ずるいのか、度胸がないのか、卑怯なのか、未だにものを言いません。そこが拙著のテーマになりました。

一番難しかったのが、青少年教育です。「確かな学力、豊かな心」が多くの地方教育行政のスローガンですが、体力も耐性もない子どもに学力や思いやりが育つ筈はありません。「狂育」は「鍛錬」を放棄している戦後教育の別名です。

今、子どもたちの健全な発達が危機に瀕しています。立っていることも座っていることも苦手、人の話を聞けない、がまんができない、大声で騒ぎたてる、好きなことだけする、辛さに耐えられないなどなど。育児に困難を感じる保護者はますます増え、学校は小1プロブレムに手を焼いています。これらは子どもの「弱さ」の表われであり、生まれてからのしつけや教育のどこかに問題があったと考えられます。「弱さ」を抱えたままでいると、成長に伴う環境変化のストレスに対応できず不適応となります。これが今話題の「新型うつ病」や心身症にもつながりやすい要因です。

保護者も保育・教育者も、今こそ「子どものために」発達の原理をふまえ、心身機能を「鍛えて強くする」という視点をもつことが必要です。保護者も学校も自分たちがその原因を作っているという自覚がありません。にもかかわらず、文科省は「教育公害」を生み出し続けている2者にに連携せよというしか能がありません。もちろん、文科省自身にも教育をしくじった原因が自分たちにあるという自覚はないでしょう。

解決策は簡単です。2、3の例を挙げれば、まず学校を「守役」に戻し、青少年に有無をいわせぬ「鍛錬」を復活することです。そのためにも、文科省は、学校教育法第11条を改正して、立たせること、正座させること、尻を叩くことぐらいの「体罰」は認めると国民に宣言することです。

これまで通り、少子化を止め、女性の社会参加を国の方針とするなら、「育児」は「私事」であるという考え方を一部変更することです。「介護」もすでにそうしたではないですか!!

育児を「私事」から開放すれば、保護者が安心出来るような「社会の養育システム」を整備することができます。教育と保育の縦割り行政を統合して、「保教育」を実現することができます。現に、金持ちの子どもを預かる施設では、協育と保育を統合して、自分たちを「エジュ・ケア」と呼んでいるじゃないですか!

学校を全面開放して、学童保育に集団の遊びや教育プログラムを入れることが出来れば、家庭の教育費は減少し、女性が社会に参加する上で後顧の憂いがなくなります。

子どもの発達課題を支援し、高齢者を元気にするためには、高齢者に次世代の育成の役割をお願いするボランティア基金を作ることです。

また、地方の学校を潰すことを止めて、都会の学校の生徒を田舎の学校に留学させる公的で大規模な山村留学プログラムを創成して、過疎地に交流人口を増やし、国土の均衡発展を目指して下さい。文科省への国民の評価が変わりますよ。

著者紹介

三浦清一郎（みうら・せいいちろう）

米国西ヴァージニア大学助教授、国立社会教育研修所、文部省を経て福岡教育大学教授、この間フルブライト交換教授としてシラキューズ大学、北カロライナ州立大学客員教授。平成３年福原学園常務理事、九州女子大学・九州共立大学副学長。平成 12 年三浦清一郎事務所を設立。生涯学習・社会システム研究者として自治体・学校などの顧問を勤めるかたわら月刊生涯学習通信「風の便り」編集長として教育・社会評論を展開している。

大学を離れた後は、生涯教育現場の研究に集中し、「市民の参画と地域活力の創造」（学文社）、「子育て支援の方法と少年教育の原点」（同）、「The Active Senior—これからの人生」（同）、「しつけの回復　教えることの復権」（同）、「変わってしまった女と変わりたくない男」（同）、「安楽余生やめますか、それとも人間止めますか」（同）、「自分のためのボランティア」（同）、「未来の必要—生涯教育立国論」（編著、同）、「熟年の自分史」（同）、「明日の学童保育」（日本地域社会研究所）、「心の危機の処方箋」（同）、「国際結婚の社会学」（同）などがある。中国・四国・九州地区生涯教育実践研究交流会実行委員。

教育小咄《きょういくこばなし》　～笑《わら》って、許《ゆる》して～

2015年5月25日　第1刷発行

著　者　三浦清一郎《みうらせいいちろう》
発行者　落合英秋
発行所　株式会社 日本地域社会研究所
〒167-0043　東京都杉並区上荻1-25-1
TEL　(03)5397-1231(代表)
FAX　(03)5397-1237
メールアドレス　tps@n-chiken.com
ホームページ　http://www.n-chiken.com
郵便振替口座　00150-1-41143
印刷所　中央精版印刷株式会社

ISBN978-4-89022-163-9

日本地域社会研究所の好評図書

地域をひらく生涯学習 社会参加から創造へ
瀬沼克彰著…今日はちょっとコミュニティ活動を！みんなで学び高めあって、事業を起こし、地域を明るく元気にしよう。退職者・シニアも生きがいをもってより幸せに暮らすための方法をわかりやすく紹介！

46判303頁／2300円

或る風景画家の寄り道・旅路 人生ぶら〜り旅の絵物語
上田耕也＝絵・上田美惠子＝編…所沢・ニューヨーク・新宿・武蔵野・東京郊外…etc。ニューヨーク駐在中、新宿勤務中の昼休みや寄り道などで描いた思い出のスケッチ・風景画などを収録！

A5判161頁／3000円

ありんこ 人と人・地域と地域をつなぐ超くるま社会の創造
桑原利行著…3・11の経験から自動車文明を問い直す。多極分散・地域参加型の絆づくりプロジェクトがスタート。世界でいちばんカワイイくるま〝ありんこ〟が生命と環境を守り、やさしいくるま社会の創造を呼びかける提言書！

46判292頁／1905円

最新版 アンチエイジング検査
青木晃・上符正志著…不調とまでは言えないけど、何となく今までのようではない感じがする。こうしたプチ不調・プチ病が遺伝子・ホルモン・腸内細菌でわかる最新版アンチエイジング医療とその検査について理解を深めるための1冊。

46判167頁／1500円

人とかかわるコミュニケーション学習帳 やわらかな人間関係と創造活動のつくり方
松田道雄著／山岸久美子絵…全国に広がる対話創出型縁育て活動「だがしや楽校・自分みせ」を発案したユニークな社会教育学者が贈るつながり学習の強化書。ワークショップ事例のカード見本付き！

A5判157頁／1680円

現代文明の危機と克服 地域・地球的課題へのアプローチ
木村武史ほか著…深刻な地域・環境問題に対し、人間はいかなる方向へかじを取ればよいか。新たな文明の指針はどこに見出せるか。科学・思想哲学・宗教学・社会学など多彩な学問領域から結集した気鋭たちがサスティナビリティを鍵に難問に挑む。

A5判235頁／2200円

日本地域社会研究所の好評図書